# J'AI CROISÉ LA CHANCE PAR ACCIDENT

Kirk DOUGLAS

# J'AI CROISÉ LA CHANCE PAR ACCIDENT

Traduit de l'anglais (États-Unis)
par Rachel Neville

Michel LAFON

Titre original :
*My Stroke of Luck*


7-13, boulevard Paul-Émile-Victor, Île de la Jatte
92521 Neuilly-sur-Seine Cedex

# Préface

Parfois, lorsque je chevauche mon fidèle Whiskey dans le soleil couchant, je me sens l'âme d'un cow-boy et je songe à ma vie. J'ai réussi à tourner deux films malgré des difficultés d'élocution, séquelles d'une attaque cérébrale. J'attends désormais mon prochain rôle avant que le soleil disparaisse derrière l'horizon. Rien ne saurait arrêter un acteur. Comme le lapin rose de la publicité pour les piles, il avance, et avance, et avance...

Quel bonheur que de jouer au cinéma ! J'en ai retiré gloire, fortune, et maintes satisfactions. Et pourtant, j'ai tout fait pour dissuader mes fils de suivre le même chemin que moi. Les chances de succès sont infimes. Les échecs et la dépression jalonnent notre route. Hélas, mes mises en garde n'ont pas porté leurs fruits.

– Holà ! Whiskey !

Je descends de cheval et m'assieds sous le feuillage d'un chêne. Mes yeux s'égarent, hypnotisés par le pur éclat du disque lumineux. Whiskey mâche des herbes folles, indifférent au spectacle qui s'offre à nous. Les rayons flambent avant de s'estomper. Je frissonne, pourtant le vent ne s'est pas levé.

Mes pensées vagabondent vers un lointain passé. Vers Burt Lancaster, John « Duke » Wayne, et tous les acteurs que j'ai eu le privilège de côtoyer à l'écran. Je songe aussi à ceux avec qui je n'ai pas eu l'honneur de travailler, ceux que j'admirais sans trop oser les approcher.

Nous sommes des hommes de spectacle. Nous offrons au public un bref répit, une occasion éphémère d'oublier ses soucis dans le tourbillon d'un monde imaginaire qui se matérialise sur pellicule. Mais les acteurs vivent également ici-bas. Et le malheur ne les épargne pas plus que le reste de l'humanité.

Le courage dont font montre certains de mes pairs force mon admiration. Je salue Christopher Reeve, Michael J. Fox, Dudley Moore, et l'ensemble des stars qui, grâce à leur notoriété, font jaillir la lumière au cœur des ténèbres. Aider son prochain est la volonté de Dieu.

C'est à eux que je dédie ce livre.

Le soleil s'est couché. Dans le crépuscule, Whiskey et moi rentrons au bercail. J'attends un coup de fil de mon agent.

# 1

# Comment c'est arrivé

Cet après-midi-là, le temps était au beau fixe (comme souvent à Los Angeles). Je paressais dans ma chambre, occupé à me faire faire les ongles – ah ! les affres de la vie des stars... En fait, il s'agit surtout d'une exigence de mon épouse, Anne, qui ne supporte pas la vue de mes mains de paysan si elles ne sont pas manucurées.

J'aime cette pièce. J'y abats tout mon travail. C'est là que je m'adonne à l'écriture, à l'étude de scénarios, à la lecture et à la rêverie. J'ai bien un bureau, mais il y a longtemps que je l'ai délaissé. C'est ici que j'existe. Je débranche le téléphone – ce chant des sirènes strident qu'entonne le monde extérieur. Je n'octroie de droit de visite permanent dans mon antre qu'à deux créatures : mes labradors, Danny et Foxy. Ayant les mains accaparées par une lime à ongles, je ne pouvais les caresser.

Ma vilaine blessure au dos n'était plus qu'un mauvais souvenir. J'étais même prêt à rejouer au golf : je m'imaginais déjà frappant un long drive au quatrième trou. Soudain, j'éprouvai une sensation étrange à l'intérieur de ma joue droite. On aurait dit qu'un objet pointu traçait une ligne en partant de ma tempe, exécutait un demi-cercle dans la chair et s'y enfonçait. Je n'avais pas mal, mais lorsque je tentai de décrire cette drôle d'impression à Rose, la manucure, je ne pus parler. Ou plutôt un charabia sortait de ma bouche. Que se passait-il ? Infirmière de formation, Rose comprit que j'étais en train d'avoir une attaque. Elle courut à la cuisine pour demander à Concha, notre cuisinière, d'appeler ma femme, partie jouer au bridge chez Barbara Sinatra.

Paniquée, Concha se précipita dans la pièce et m'asséna une gifle en psalmodiant des incantations mexicaines. J'essayai de lui dire que ses claques ne m'étaient d'aucun secours. Mais les gargouillis que j'émettais n'avaient pas de sens. Elle continua de me frapper. J'étais déconcerté.

Anne eut tôt fait de revenir et de contacter mon médecin, le Dr Rick Gold.

– S'il peut marcher, conduisez-le vous-même à l'hôpital sur-le-champ, dit-il. Une ambulance risque de prendre trop de temps.

Je regardai Anne et lus l'effroi dans ses yeux, mais elle s'efforça de me rassurer d'un ton très détaché. Je n'essayais pas de parler, figé par le désarroi. Je ne savais toujours pas ce qui s'était produit. Tout le monde avait l'air calme, trop calme. Avant que l'on m'emmène à la voiture, je contemplai mes mains.

– Eh, Rose ! Vous ne m'avez pas fini les ongles !

Mon trait d'humour tomba à plat. Mes propos étaient inintelligibles.

À notre arrivée, deux médecins nous attendaient au bout d'un long couloir. Ils paraissaient soulagés de me voir marcher : au moins mes jambes n'étaient pas paralysées.

– Faites-moi voir vos dents, me demanda le Dr Gold.

J'obtempérai. Hélas, malgré ma bonne volonté, le côté droit de ma lèvre supérieure me recouvrait les dents. C'était la preuve de la survenue d'une attaque. Je comprenais tout ce que le médecin me disait mais je ne pouvais pas me faire entendre.

Les deux praticiens m'envoyèrent faire un scanner. Une IRM était hors de question car l'on m'avait posé un pacemaker six ans plus tôt qui n'aurait pas supporté les résonances magnétiques. En pénétrant dans l'étroit couloir, sanglé sur un chariot, je pris peur. « Que se passe-t-il ? » Les battements de mon cœur semblaient couvrir le bourdonnement de la machine qui explorait mon cerveau. Il faisait noir. Je fermai les yeux.

« Vais-je mourir ? » pensai-je. Et moi qui me remettais à peine d'une intervention chirurgicale !

On me ramena à la lumière. J'aurais préféré me tapir dans l'obscurité. Je voulais tout occulter. On essaya de m'apaiser :

– Avec de l'exercice et quelques séances d'orthophonie, vous recouvrerez la parole.

On me remit sur un brancard, tout en me déclarant :

– C'est une toute petite attaque.

De quoi diable parlaient-ils ? Une attaque ! Un mois plus tôt, on m'avait opéré le dos, dans ce même hôpital, suite à un accident d'hélicoptère. Les attaques, c'est pour les vieillards qui se déplacent à l'aide d'un déambulateur ou dans un fauteuil roulant ! Je n'avais que quatre-vingts ans. Comment pouvais-je en être victime ? Cela signifiait-il que, demain, je n'irais pas jouer au golf ?

Plus tard, on m'expliqua que j'avais eu un accident vasculaire cérébral. C'est la troisième cause de mortalité aux États-Unis. Chaque minute, une personne est touchée. Soit sept cent mille individus par an, dont le tiers a moins de soixante-cinq ans. Quelles chances d'en réchapper avais-je, avec mes deux décennies de plus ?

Pendant que l'on me poussait dans les couloirs de l'hôpital, je scrutai les néons au plafond. N'avais-je pas vu la même scène au cinéma ? Les paroles des médecins résonnaient dans ma tête : « C'est une toute petite attaque. »

Toute petite pour eux, très grande pour moi. La terreur m'habitait.

Dans ma chambre d'hôpital, le Dr Gold fit son possible pour m'apaiser :

– Kirk, n'avez-vous pas eu Janet Leigh pour partenaire ?

– Oui, *Les Vikings*, marmonnai-je.

– Dites-moi, dit-il en se penchant vers moi, ces énormes seins, c'étaient des vrais ?

– Quoi ?

Je n'en croyais pas mes oreilles.

– Ils étaient vrais, ses seins ?

– Sûr !

– Comment le savez-vous ? Vous les avez touchés ?

Je secouai la tête, exaspéré.

– Vrais !

– Bon sang, j'ai toujours eu le béguin pour elle !

Et la conversation se poursuivit ainsi. Je n'ai jamais avoué à Janet que Rick s'était servi de sa plastique pour me détourner l'esprit de mes ennuis de santé.

Vingt heures durant, on m'interdit de manger ou de boire : les médecins attendaient d'avoir la certitude que mon œsophage était bel et bien en état de marche. Passé ce délai, je sirotai un breuvage sous le regard circonspect des membres de la Faculté, qui redoutaient que je meure d'étouffement. Je frémis à cette pensée. Mourir ! Hier, j'étais fin prêt à jouer au golf. Et maintenant...

# 2

# La Faucheuse est aux abonnés absents

J'ai frôlé la mort à six reprises au cours de ma vie. La première fois, il y a trois quarts de siècle, à l'âge de cinq ans.

Non loin de notre maison, une tranchée de près de deux mètres de profondeur avait été creusée pour y planter les fondations d'un nouveau moulin. Mes camarades et moi avions fait de l'endroit notre terrain de jeux favori. Une canalisation explosa et la tranchée s'emplit d'eau. Comme on était dimanche, le chantier était désert. Je devais alors manquer de jugeote, parce que je posai un bâton en travers du fossé et grimpai dessus pour passer de l'autre côté. Inutile de dire que je glissai et, comme de bien entendu, je ne savais pas nager. Tandis que je me débattais et que j'appelais au secours, mes deux copains poltrons prirent leurs jambes à leur cou. Le souvenir de leur lâche abandon est encore cuisant. Par bonheur, Wolfie, un camarade plus âgé, me tira de l'eau. Je rentrai chez moi à toutes pompes, en sanglotant. Mon père m'administra une correction mémorable parce que j'avais trempé mes vêtements.

Par la suite, c'est dans le cadre de mon travail que j'ai réchappé de justesse de situations délicates. En 1954, je tournai *La Rivière de nos amours* avec Walter Matthau, que Hollywood venait de débaucher des planches de Broadway. Walter et moi nous tenions tout près du sommet du fort et tirions des balles à blanc en direction des Indiens. Les cascadeurs déguisés en Peaux-Rouges décochaient vers nous une pluie de flèches, aux pointes trempées dans l'acier afin qu'elles adhèrent au bois des poutres. L'une d'elles passa en sifflant à cinq centimètres de ma tempe et se ficha dans un poteau sur lequel je m'appuyais. Un cheveu plus près et... Eh bien, j'ignore ce qu'on ressent quand on a la tête percée par une pointe d'acier, mais ce ne doit pas être bien fameux.

À l'automne 1971, je me retrouvai en Espagne pour *Le Phare du bout du monde*. Lors d'une scène, Yul Brynner et moi devions nous battre sur le toit d'un immeuble. Je chutai et ma tête heurta un rocher. Je restai dans le coma pendant cinq jours.

L'incident suivant eut pour théâtre New York, en 1989. Après dîner, Anne et moi allâmes rejoindre Frank Sinatra chez Jimmy, un night-club très en vogue. Je connaissais Frank depuis cinquante ans. C'était un personnage charismatique doublé d'un buveur invétéré et d'un fumeur impénitent. Par bonheur, ses passions n'ont jamais corrompu sa voix légendaire. Les moments que nous avons passés ensemble pourraient faire l'objet d'un ouvrage tout entier. Seule ombre au tableau : les derniers mois de sa vie, pendant lesquels il lutta contre la maladie. J'ai entrevu Frank sur sa chaise roulante peu avant qu'il préfère s'abriter des regards. Anne et moi jouions régulièrement au poker avec Barbara (Frank restant cloîtré dans sa chambre), ainsi qu'avec Jack Lemmon, Gregory Peck, Larry Gelbart et leurs épouses respectives. Tout en plaisantant les cartes en main, je me demandai à quoi Frank, cloué sur son fauteuil, pouvait bien penser. Se rappelait-il les filles hurlant son nom devant le Paramount Theater quelque soixante ans plus tôt ? Et moi qui avais peiné à fendre la foule de ses fans jusqu'à la station de métro de la 42e Rue... Difficile d'imaginer qu'un être d'une vitalité et d'un talent tels pût devenir impotent. Mais je digresse et j'en oublie mon récit de notre nuit chez Jimmy. Barbara Sinatra, toujours sage, avait déclaré forfait et était rentrée se coucher. Je dansais avec Anne quand je fus pris de vertiges et vacillai. On dut me soutenir pour quitter la piste de danse. Frank me chambra parce que je ne tenais pas l'alcool. Seule ma femme doutait que mon malaise eût des origines éthyliques.

Quelques semaines plus tard, nous allâmes dîner au restaurant Chasen avec des amis. Au moment où je me penchai pour embrasser l'une des convives, la tête me tourna et je m'effondrai au sol. On m'allongea sur un sofa à l'entrée de l'établissement. Un médecin présent sur les lieux me tâta le pouls. Il murmura à l'adresse d'Anne :

– Très bas.

Puis il se tourna vers moi et me dit :

– N'ayez pas peur.

– Ramène-moi à la maison, marmonnai-je.

Ma femme ignora judicieusement ma prière et appela une ambulance. Sur le trajet jusqu'à l'hôpital Cedars-Sinai, les infirmiers m'administrèrent deux injections. Bien plus tard, une fois mon pacemaker enfoui dans ma poitrine, le médecin me confia :

– Si votre épouse vous avait conduit chez vous, vous seriez mort.

Génial.

Puis, en 1991, soit deux ans après cette alerte, je survécus à un accident d'hélicoptère. À quinze mètres du sol, notre appareil avait percuté un petit avion qui venait de décoller. Celui-ci explosa et ses deux passagers périrent sur le coup. L'hélicoptère s'écrasa sur le tarmac et l'on me transporta d'urgence à l'hôpital. Je souffrais d'une compression des vertèbres. J'appris que les deux victimes étaient très jeunes. L'un, âgé de dix-huit ans, projetait de se rendre à son bal de promotion en fin de semaine. L'autre, moniteur de vol, était censé donner une conférence ce soir-là sur la sécurité dans les airs. Moi, j'étais septuagénaire. J'avais des remords. J'écrivis aux familles des deux jeunes gens, mais je jugeai mes condoléances dérisoires. Je rencontrai le père du lycéen disparu dans le petit aérodrome. Dans un coin gisaient les vestiges de l'hélicoptère, triste amas de métaux broyés. Il était accompagné de son deuxième fils, un grand et beau garçon. Jamais je ne m'étais senti aussi peu à mon aise. Il me regardait avec un léger sourire. Je culpabilisai davantage. Que dire pour le réconforter de la perte de son enfant ? Je me faisais l'effet d'un assassin : j'avais eu la vie sauve.

Le Dr Goldstein m'avait fait passer une radio après le crash.

– Kirk, exécutiez-vous vous-même vos cascades ? avait-il demandé en examinant le cliché.

– Le plus souvent possible.

– Je vois ça, avait-il répondu, les yeux posés sur la radiographie. Jamais je n'ai vu un dos dans un état aussi catastrophique. Je n'aimerais pas vous opérer : je ne saurais pas par où commencer.

Au fil du temps, ma blessure me fit de plus en plus souffrir. Des mois durant, je restai couché par terre à me lamenter. Si j'essayais de m'asseoir, je hurlais de douleur. Après quelques années de calvaire, le Dr Goldstein n'eut d'autre choix que de m'opérer. Et il accomplit un miracle : la douleur s'estompa. Je m'affranchis rapidement de mon fauteuil roulant, puis m'aidai d'une canne, et enfin, un beau jour :

– Regarde, Ma, je marche ! lançai-je à ma mère, les yeux levés vers le ciel.

L'une ou l'autre de ces mésaventures m'eût-elle envoyé aux portes de la mort, aurais-je eu le courage de sourire et de répéter les paroles que ma mère avait prononcées sur son lit de mort : « Ne crains rien, cela arrive à tout le monde » ?

En 1952, alors que je n'avais que quarante-deux ans, ma mère était à l'agonie. J'avais tenu sa main frêle dans la mienne pendant des heures, le regard rivé sur le visage de Ma. C'est ainsi que je l'appelais – ni mère ni maman, juste Ma. Cette immigrée russe illettrée avait fait le voyage jusqu'en Amérique pour retrouver son mari, mon père, qui l'y avait précédée de deux ans. Elle avait mené une existence difficile.

Je ne cessai d'étudier ses traits. Ses yeux s'ouvrirent, elle vit mon expression anxieuse. Elle esquissa un sourire et me pressa la main. Ses pupilles, dont l'éclat sombre contrastait avec la pâleur de ses joues, semblaient me transpercer. Elle dit en un murmure :

– Ne crains rien, cela arrive à tout le monde.

Elle prit une profonde inspiration et expira. L'air sortit de sa bouche comme un ballon qui se dégonfle peu à peu. Elle ne respirait plus.

Ces mots saisissants vibrent encore au tréfonds de mon être. Dans ses ultimes instants de vie, Ma s'était souciée de moi. En mère exemplaire, elle avait veillé sur son fils jusqu'à son dernier souffle.

Alors que je suis couché dans mon lit d'hôpital, des questions m'assaillent : que se passe-t-il quand on meurt ? Vais-je revoir ma mère ? Cela me ferait tellement plaisir...

Mais peut-être, après la mort, se présente-t-on devant le trône de ce grand Barbu dont parlent les mythes. Peut-être Lui demande-t-on, d'un air timide :

– C'est ici, le paradis ?

Et Lui de rugir :

– Le paradis ? Mais tu en viens !

Devant les yeux écarquillés de l'impudent, Il poursuit de sa voix assourdissante :

– Ingrat ! N'aimais-tu pas l'aube et le coucher du soleil ? La lune et les étoiles ? N'appréciais-tu pas les montagnes, les forêts, les torrents que Je t'ai donnés ?

Je reste muet.

– Étais-tu indifférent au parfum des fleurs, à la chair savoureuse des fruits et légumes que Je t'ai offerts ? reprend-Il. Je t'ai entendu geindre quand J'arrosais Mon Éden, parce que la pluie te privait d'une partie de golf. Ingrat ! Le paradis, c'était ça !

Je me hasarde alors à demander :

– Bon, eh bien, où suis-je ?

Il éclate de rire.

– Bienvenue à l'usine de recyclage. En ce lieu, tu retournes à la poussière.

Je Le regarde sans mot dire.

– Ne comprends-tu donc rien ? POUSSIÈRE TU ES ET À LA POUSSIÈRE TU RETOURNERAS.

Il n'avait pas besoin de hurler.

# 3

# Inventaire

De retour à la maison, ma chambre s'équipe d'un lit d'hôpital, et je m'y replie comme dans un cocon : après tout, c'est le seul endroit où mes craintes se dissipent. Je ne me lasse pas de contempler cette pièce où le cours de ma vie a subitement changé. La chaise devant mon bureau. Les murs ornés de tableaux de Chagall, dont les motifs bibliques me réconfortent. Devant moi se dresse ma bibliothèque, garnie de livres dédicacés par leurs auteurs. Sur l'étagère supérieure, les scénarios de tous mes films, reliés de cuir noir. Il y en a plus de quatre-vingts. Combien de milliers de mots cela représente-t-il ? Jadis, je prononçais ces mots avec aisance.

À présent, serai-je capable d'en bredouiller un seul ? Je suis octogénaire et j'ai eu une attaque. Je suis acteur et je ne puis m'exprimer. Est-ce la FIN ? Et si je m'initiais à la pantomime auprès de Marcel Marceau ? Cette pensée ne m'amuse pas. J'en ai assez de devoir paraître grand, fort et coriace. Je me mets à pleurer. À travers mes larmes, la pièce paraît plonger dans la pénombre et un grand nuage noir s'engouffre en moi. Je sanglote jusqu'à inonder mon coussin. Mes deux chiens lèvent la tête. Je crois discerner une lueur de compassion dans leurs yeux. Ils sautent sur le lit. Danny me lèche le visage, Foxy ne s'approche pas de moi. Je ne veux voir personne. À quoi bon un acteur qui ne parle pas ?

Longtemps je demeurai ainsi, dans l'obscurité, presque abruti, la tête enfouie dans l'oreiller. Quelquefois, ma femme, mes fils ou des amis me rendaient visite mais je ne les voyais pas. Je ne les entendais pas. J'en vins à ignorer l'alternance du jour et de la nuit. J'avais élu domicile dans une grotte. Les yeux clos, je restai couché ; j'avalai en permanence la salive qui me dégoulinait de la bouche et je m'essuyai le menton avec les draps.

J'avais lu quantité d'articles et des livres sur des gens atteints de dépression. Ils ne m'avaient inspiré que de l'ironie. Selon moi, ils auraient dû cesser de se plaindre et avaler un cachet d'aspirine, ce qui les aurait délivrés de leur vague à l'âme. J'étais stupide. Et voilà que je me blottissais dans ma terreur, que je m'apitoyais sur moi-même, devenu impuissant, inutile. Jamais je ne tournerais d'autres films. Jamais je n'écrirais d'autres livres. Allais-je parler de nouveau ? Le désespoir me consumait. Chaque jour qui passait, je m'ensevelissais dans un trou noir qui se rétrécissait et s'obscurcissait davantage.

Un matin, au prix d'un effort surhumain, je sortis de mon lit et titubai jusqu'à la salle de bains. J'osai me regarder dans le miroir. Une barbe blanche hirsute me recouvrait le visage. Ma langue était chargée. Je ne pouvais avaler ma salive aussi vite que nécessaire : l'écume dégouttait du coin de ma bouche tordue. La glace me renvoyait un reflet grotesque. Je ne cessai pas de pleurer, submergé de honte et de répulsion. Je me haïssais.

J'allai vers mon bureau. Dans le tiroir du bas, j'avais rangé le revolver que je conservai depuis *Règlement de comptes à OK Corral*. Je m'en emparai. Burt Lancaster et moi avions fait les quatre cents coups pendant le tournage. Je souris en me remémorant ses paroles d'introduction lors d'une cérémonie de remise de prix :

– Kirk Douglas serait le premier à admettre qu'il a un caractère de cochon. Moi, je serais le deuxième.

*Coup double* fut notre dernier film ensemble, l'histoire de deux gangsters vieillis qui reprenaient du service après trente ans de cabane. Je reposai l'arme à sa place. Contrairement à nos personnages, ni Burt ni moi n'étions des durs à cuire. Je me rappelle encore les répétitions de *Boys in Autumn*, une pièce qui mettait en scène Tom Sawyer et Huckleberry Finn un demi-siècle après leurs aventures narrées par Mark Twain. Burt avait très envie de tenir son rôle, beaucoup plus que moi. Un jour que nous nous étions querellés – ce qui en soi n'était pas rare –, je décidai de ne pas jouer et l'abandonnai sur place. Burt courut à mes trousses et m'attrapa le bras. J'étais stupéfait : des larmes lui coulaient le long des joues. Il me supplia de ne pas claquer la porte. Nous avons tenu l'affiche pendant six semaines à San Francisco. Non, nous n'étions pas des durs à cuire.

En rendant visite à un ami hospitalisé, Burt tomba au sol, terrassé par un accident cérébral. Il survécut quatre ans, invalide et muet. Quel cours ses pensées suivaient-elles ? Songeait-il à nos journées passées à galoper côte à côte dans le désert ? Au numéro de duettistes que nous avions donnés lors de la cérémonie des Oscar ? Au refrain triomphal que nous avions entonné au Palladium de Londres ? Nous étions alors dans la fleur de l'âge. Je m'étais juché sur ses épaules pour saluer l'assistance en soulevant mon chapeau melon, puis nous avions chanté le couplet final et conclu par une série des sauts périlleux.

Je n'ai pas eu l'occasion de dire adieu à Burt, et j'en ai pleuré. Sa femme refusait que j'aille le voir, de crainte que ma vue le brise. Ses visiteurs doutaient d'ailleurs qu'il reconnût quiconque. Autrement, n'aurait-il pas mis un terme à son pathétique état ? Moi, je n'attendrai pas que la mort m'emporte.

Je ramassai le revolver. Les cartouches étaient rangées dans un autre tiroir. J'en tirai deux de leur boîte, tout en ouvrant d'un coup sec la chambre de l'arme. Je la chargeai et la contemplai. Dans la bouche ou contre la tempe ?

Je m'introduisis le canon dans la bouche et me cognai les dents. Aïe. Une décharge me parcourut la mâchoire. Je ramenai le revolver à l'air libre.

Je me mis à rire. La mort terrassée par un mal de dents. Mon rire devint hystérique. J'avais l'impression de me retrouver en plein tournage.

« J'ai fait trop de films, beaucoup trop de films », songeai-je. Je continuai de m'esclaffer. Fifi, notre gouvernante, frappa à la porte.

– Tout va bien, monsieur Douglas ?

– Oui, Fifi, tout va bien.

Mais je ne parvenais pas à contrôler mon hilarité, aussi Fifi entra-t-elle dans la pièce. La dernière fois qu'elle m'avait vu, quelques heures plus tôt, j'étais figé dans mon lit à broyer du noir. Après trente-neuf ans chez nous, Fifi est bien plus qu'une gouvernante. C'est un membre à part entière de notre famille. Un jour que je cherchais en vain mon pantalon préféré dans ma penderie, je l'avais appelée à la rescousse.

– Je l'ai jeté, avait-elle répondu.

– Quoi ? Et pourquoi ça ?

– Vous ne pouvez pas porter ce genre de chose ! Il était trop usé !

J'en étais resté sans voix.

C'est l'humour qui me sauva du revolver. Le suicide ! Quel acte égoïste. Je pensai à ceux qui m'auraient pleuré. Ma femme, mes fils, un ami ou deux peut-être. Et quelle pagaille pour Fifi ! Je rangeai l'arme une bonne fois pour toutes.

Je retournai vite à mon cocon, la culpabilité au ventre. Je relevai la couverture sur ma tête.

Ici, je me sentais en sécurité. Le monde extérieur recelait mille dangers.

Bon nombre de rescapés d'attaque cérébrale ont abandonné la partie. Certains m'écrivent. Ils ne sortent plus de chez eux. Ils ne communiquent pas avec leurs proches. Ils ont oublié comment on rit. Ils ne font rien, sinon attendre. Mais attendre quoi, au juste ?

# 4

# Dormir, dormir du sommeil du juste

Allongé ainsi, jour après jour, nuit après nuit, les yeux au plafond, j'avais tout loisir de réfléchir. Les médecins hésitaient à me prescrire des somnifères mais je finis par trouver un moyen de m'abandonner aux bras de Morphée sans sédatif. En journée, je faisais mon possible pour raviver un souvenir joyeux, une pensée agréable qui me réchaufferait le cœur à la nuit tombée. Quand j'en tenais un, je le mettais au secret en attendant qu'il me serve, tel un chien cachant un os pour le ronger plus tard. Le soir, je rajustai mes oreillers et laissai mon esprit remonter le cours du temps.

*J'ai six ans, je suis seul dans la cuisine avec ma mère. C'est l'hiver. Le feu crépite dans le poêle. Ma remue le contenu d'une casserole en fredonnant une chanson. Mes sœurs sont en classe et le bébé dort. Je suis aux anges : j'ai ma mère pour moi tout seul. Je regarde par la fenêtre. Il neige.*

*– D'où vient la neige, Ma ?*

*– Ce sont les anges qui balayent le porche du paradis.*

*Ça alors ! Ça doit être propre, au ciel, si les anges époussettent les flocons qui tombent sur terre par grand froid ! Il fait bon dans la maison. Ma mère remet une bûche dans le poêle. On entend grésiller dans l'âtre. Nous sommes en tête à tête et je suis heureux. Je redoute l'irruption de mes six sœurs.*

*– Comment est-ce que je suis né, Ma ?*

*Ma mère me lance un coup d'œil par-dessus son épaule tout en ajoutant des oignons émincés dans la marmite.*

*– Eh bien, Ma, comment est-ce que je suis né ?*

*Elle s'essuie les mains sur son tablier, s'approche de moi et m'enlace.*

*– C'était un matin pareil à celui-ci, dit-elle en pointant le doigt vers la fenêtre. Il neigeait, il faisait froid.*

*Elle hésite, mais je la presse de poursuivre :*

*– Et puis ?*

*– Je préparais le déjeuner de tes sœurs, qui étaient à l'école.*

*Ma mère se redresse, marche jusqu'à l'évier et se met à éplucher des pommes de terre.*

*Je m'impatiente.*

*– Et alors ?*

*– J'ai entendu du bruit au-dehors. J'ai essuyé le givre sur la vitre et regardé à travers. J'étais tellement surprise.*

*Elle épluche encore.*

*– Qu'est-ce que tu as vu ? Qu'est-ce que c'était ?*

*En soupirant, Ma revient vers moi, m'entoure de ses bras et me serre contre son cœur.*

*– C'était une boîte dorée, flottant au-dessus du sol et retenue par quatre cordons d'argent qui montaient vers le ciel.*

*– Et tu as fait quoi ?*

*– Je me suis enroulée dans mon châle et je suis sortie. La boîte toute en or était gravée de fleurs et les fils d'argent étincelaient.*

*– Tu l'as ouverte ? Tu l'as ouverte ?*

*J'ai le souffle coupé.*

*Elle opine de la tête.*

*– Et qu'est-ce que tu y as trouvé ?*

*Ma se tourne vers moi, un large sourire aux lèvres.*

*– Toi, me dit-elle.*

*– Moi ?*

*Je n'en reviens pas.*

*– Oui, toi, nu comme un ver et écarlate. Je t'ai enveloppé dans le châle et emporté à l'intérieur pour te réchauffer devant le poêle.*

*Alors, c'est ainsi que je suis venu au monde. Je suis ébahi.*

*– Et la boîte dorée ? Où est-elle ?*

*Ma mère me prend le visage dans ses mains et plonge son regard dans le mien.*

*– J'étais si heureuse de t'avoir trouvé que je n'ai même pas pensé à la boîte. Plus tard, j'ai vu qu'elle s'était volatilisée.*

*– Oh ! Ma ! Tu aurais dû...*

*Mes sœurs arrivent soudain en fanfare, leurs chaussures martelant le sol pour se débarrasser de la neige. Je suis en colère. J'étais si serein sans elles. J'avais tant d'autres questions à poser...*

Et je me suis endormi, recroquevillé dans une boîte dorée.

Lorsque j'eus épuisé les moments agréables avec ma mère, je me mis en devoir de faire resurgir ceux passés avec mon père, Pa. Mais lui n'avait jamais fait étalage de son affection à mon égard. Je remuai ma mémoire en tous sens. Un seul souvenir avec mon père pour faire taire les angoisses qui me torturaient la nuit. Rien à faire, pas un ne me revint.

Un jour pourtant, pendant mes exercices de diction, mon orthophoniste me suggéra de stimuler les tissus endommagés de mes lèvres et de ma langue au moyen de glaçons. Elle me conseilla même de manger de la glace. Eurêka ! C'était la madeleine que j'attendais.

Cette nuit-là, je me blottis dans mes couvertures et fermai les yeux pour me replonger dans cette époque.

*Le rideau de la scène du théâtre de mon école se lève. J'ai huit ans et je suis vêtu d'une blouse noire que ma mère a confectionnée. J'interprète un cordonnier et je raccommode une chaussure tout en chantant.*

*Sophie, ma rondelette « épouse » âgée de sept ans, s'attelle à la préparation du dîner au-dessus d'une cuisinière, à la lumière d'une ampoule. Je suis submergé de travail. Heureusement, quand arrive la nuit, des lutins viennent abattre le plus gros de mon ouvrage.*

*C'est mon premier rôle. Ces acteurs en herbe conquièrent le public qui applaudit à tout rompre.*

*À mon insu, mon père a assisté à la représentation du fond de la salle. Je suis surpris de le voir à la fin du spectacle. D'ordinaire, il ne témoigne pas d'intérêt pour mes activités d'enfant.*

*En sortant, il enveloppe ma petite menotte dans sa grosse paume calleuse et m'achète un cornet de glace. Quelle joie indescriptible de marcher à son côté, une main dans la sienne, l'autre occupée par une glace succulente !*

# 5

# Je déprime

Assis à mon bureau, j'écrivais – ou plutôt, je gribouillais. On ne devient pas calligraphe après un accident cérébral. Fifi entra dans la pièce. Sans un mot, elle déposa juste devant moi un bouquet éblouissant, composé des roses de notre jardin. Naguère, je m'extasiais volontiers devant ces fleurs voluptueuses au parfum enivrant. Mais à force de me morfondre, j'étais devenu aveugle à leur beauté. Noyé dans la dépression, je portais des œillères.

Certes, j'éprouvais de la colère, de la frustration et, par-dessus tout, de la peur. Mais ces sentiments avaient pour unique objet ma propre personne, et je n'accordais pas la moindre pensée au monde qui m'entourait. J'étais saturé de chagrin : pourquoi moi ? Mon épouse et mes fils faisaient leur possible pour m'aider à surmonter mon état, mais je ne les entendais pas. Au cours de cette période, je me préoccupais comme d'une guigne des difficultés d'autrui.

Au moins, je suivais la mode. On dit parfois de la dépression que c'est un « syndrome haute couture », traité par des médicaments révolutionnaires qui promettent de colorer en rose vos gros nuages noirs. La science en connaît les manifestations, qu'elle confond souvent avec ses causes : un état d'impuissance ou l'invalidité, un déficit d'estime de soi, un dégoût de vivre, un stress posttraumatique, une indicible douleur.

Mes chiens Danny et Foxy passèrent beaucoup de temps auprès de moi, allongés par terre ou serrés contre moi dans mon lit. Un jour, j'entendis Foxy gémir. J'écarquillai les yeux : il se tenait devant la porte, le regard implorant. Je me levai, lui ouvris la porte et il sortit en remuant la queue.

J'étais abasourdi. Quelle révélation ! Mes chiens, fidèles parmi les fidèles, avaient besoin de l'aide de leur maître. Mon entourage avait besoin de mon aide. Et moi qui restai couché et acceptai l'assistance de tous comme un dû, quand je ne me montrai pas carrément indifférent. Je tenais enfin une raison valable de me sauver de moi-même, de ma peur, de mes ténèbres : aider autrui.

Je me souviens d'une histoire que m'a racontée le rabbin Wolpe, mon professeur de judaïsme. L'illustre rabbi de Loubavitch avait lui aussi été victime d'une attaque cérébrale peu avant sa mort. Selon lui, la dépression avait trait à la détresse de l'âme. « Avez-vous jamais éclaté en pleurs sans motif apparent, en proie à un vif chagrin ? écrivit-il. C'est la douce voix de votre âme, qui réclame votre attention : elle aspire à être nourrie avec autant de soin, sinon plus, que votre corps. »

Le monde est peuplé de gens frappés par le malheur. Seul le désir de se tourner vers leur prochain peut arracher certains au lot des affligés.

« Celui qui a une raison de vivre s'accommode de toutes les conditions. »

Nietzsche

# 6

# Présidents

J'admire Ronald Reagan, pour avoir eu le courage de révéler qu'il souffrait de la maladie d'Alzheimer dans une lettre ouverte à ses concitoyens. En parlant de ce mal qui finirait inévitablement par le vaincre, il a aidé quantité de gens. Anne déjeune régulièrement avec Mme Reagan et elle me rend compte des difficultés auxquelles se heurte quotidiennement l'ancienne First Lady.

En 1997, un an après mon accident cérébral, j'ai créé un service destiné aux patients souffrant d'Alzheimer dans la maison de retraite des acteurs et réalisateurs de cinéma. J'ai baptisé cette aile Harry's Haven, le havre de Harry, du nom de mon père, bien que celui-ci n'en eût pas été atteint. À en croire mes amis, cette appellation évoque plus un saloon qu'un centre de soins. Cela ne me trouble pas outre mesure : mon père et les bars faisaient jadis bon ménage.

Cette initiative avait pour objet de soutenir non pas tant les malades que leur entourage : peut-on seulement se figurer vivre auprès d'un être cher qui ne reconnaît plus les siens, pour qui les souvenirs heureux sont vagues et le présent comme l'avenir dépourvus de sens ?

Mais de tous nos chefs d'État, s'il en est un qui a le plus œuvré en faveur des handicapés, c'est à n'en point douter Franklin Delano Roosevelt. Fait unique dans l'histoire des États-Unis, il exerça trois mandats consécutifs et dirigea le pays en des temps particulièrement difficiles – la Grande Dépression, la Seconde Guerre mondiale, la mise au point de la bombe atomique – alors même qu'il était invalide.

Dans sa jeunesse, Roosevelt était très sportif, féru de polo, de tennis, de chasse et de natation. En 1921, il fut frappé de poliomyélite, ce qui le priva de l'usage de ses jambes. Lorsqu'il devait prononcer un discours, il se mettait debout en prenant soin de dissimuler des attelles. Pour faciliter ses déplacements, il fabriqua un engin à partir d'une chaise de cuisine fixée à des roulettes. Beaucoup de ses concitoyens ignoraient la gravité de son état puisqu'on ne le voyait jamais en chaise roulante. De nos jours, ce serait inconcevable. Mais à cette époque, les médias avaient plus d'égards pour la vie privée des grands de ce monde.

Estimant que le secret dont Roosevelt entourait son invalidité avait desservi la cause des handicapés, certains voulurent y remédier. Cinquante-cinq ans après la mort du président, l'artiste Robert Graham se vit désigner pour réaliser une statue représentant Roosevelt dans son fauteuil. La nouvelle déclencha un tollé, mais Graham mena néanmoins son projet à bien : le président assis dans le fauteuil de son cru, le visage tourné vers le ciel – quoique dépourvu de sa sempiternelle cigarette aux lèvres. Le bronze fut dévoilé au Mémorial de Franklin Delano Roosevelt, près du Potomac. Graham avait créé une œuvre susceptible d'édifier la nation tout entière. Les handicapés se pressèrent pour admirer la statue de cet homme pour qui l'infirmité n'avait jamais constitué un obstacle.

Le président Clinton, présent lors de l'inauguration, se déclara heureux de voir que la sculpture était à portée de main des visiteurs, lesquels ne cessaient en effet de la toucher. Il ajouta dans son allocution que Roosevelt « était un être d'une bravoure exceptionnelle, dont l'invalidité avait permis à son esprit de se libérer et à son peuple de survivre et de prospérer ».

Sur un mur, derrière la statue, s'étalent les paroles d'Eleanor, l'épouse du président : « La maladie de Franklin... lui donna la force et le courage qui lui manquaient jusqu'alors... ainsi qu'une infinie patience et un acharnement en toute chose. »

Jim Langevin, le premier tétraplégique élu au Congrès, dit ce jour-là :

– Ce lieu constitue un sanctuaire pour tous ceux qui, d'une manière ou d'une autre, ont eu à surmonter des épreuves.

Ah ! Je dois tant à ces gens, qui sont beaucoup plus forts que je ne le suis. Parfois, Dieu jalonne notre route d'obstacles afin de nous aguerrir et d'éveiller en nous des ressources insoupçonnées.

7

# Petits héros

Outre les chefs d'État, bon nombre de personnalités acceptent de rendre publiques les épreuves qu'elles rencontrent pour aider leurs semblables. Leur courage me stimule et je suis fier d'en compter quelques-unes au sein du monde du cinéma et de la télévision.

Des années durant, Mike Wallace, journaliste-vedette de la chaîne NBC, a souffert d'angoisses, jusqu'à devenir suicidaire. Diagnostic : dépression d'origine inconnue. Il a accepté de parler à cœur ouvert de son mal, à une heure de grande écoute, afin de redonner courage à ceux qui, derrière leur téléviseur, sont aux prises avec les mêmes difficultés.

Tipper Gore, l'épouse de l'ancien vice-président Al Gore, s'est elle aussi mise à nue, mue par la volonté d'apporter du réconfort à ses concitoyens sombrant dans la dépression. Je voue une grande admiration à cette femme superbe au courage infini.

Et puis il y a Christopher Reeve, l'époustouflant Superman, dans son fauteuil roulant, qui consacre toute son énergie à récolter des fonds pour la recherche, dans l'espoir de réparer un jour les colonnes vertébrales brisées. Chacun de ses discours prouve qu'il aborde la vie avec combativité et optimisme.

C'est avec fierté que je suis le parcours de Michael J. Fox. Nous avons tourné ensemble *Greedy*, il y a quelques années. À cette occasion, j'avais découvert sa vitalité et son humour décapant. Nos séances de travail avaient été une vraie partie de plaisir. Aujourd'hui, Michael lutte contre la maladie de Parkinson. Lui non plus n'a pas opté pour le repli sur soi : il accepte la médiatisation afin de tirer ses fans de la détresse.

En 1949, j'avais escorté Patricia Neal à la première du *Rebelle*, dans lequel elle tenait l'affiche aux côtés de Gary Cooper. Je l'avais raccompagnée chez elle et lui avais souhaité bonne nuit avec une pluie de baisers passionnés. Gary Cooper, jaloux, nous épiait de l'autre côté de la rue. J'avais été pris de remords : avais-je gâché leur relation ? Longtemps la culpabilité me rongea. Le beau Gary était très épris de Patricia, mais il était marié et sa femme refusait de lui accorder le divorce.

Par bonheur, Patricia finit par oublier Gary Cooper et épousa l'écrivain Roald Dahl. Qui aurait pu prévoir les tragédies à venir ? La mort de sa petite fille. Trois attaques quasi fatales. La sachant alitée, je suis allé lui rendre visite. Disparue la femme dynamique au rire ravageur : elle était brisée. Une attaque, me dis-je, quelle horreur ! Mais Patricia ne s'avoua pas vaincue et, cinq ans plus tard, elle se remit à travailler.

Stephen Hawking est considéré comme le plus éminent physicien depuis Albert Einstein, et son ouvrage *Une brève histoire du temps* a connu un retentissement international. Affligé de la maladie de Lou Gehrig, ce cosmologiste se déplace en fauteuil roulant et s'exprime au moyen d'un synthétiseur vocal. Il donne des conférences aux quatre coins du monde, au cours desquelles il déploie son intelligence hors norme et son sens de l'humour inouï. Je suis impatient de le rencontrer lorsqu'il viendra à l'université de Santa Barbara, non loin de Montecito, où je réside.

J'ai également lu *Le Scaphandre et le Papillon*, de Jean-Dominique Bauby. À quarante ans, un accident de voiture laissa l'ancien rédacteur en chef de *Elle* complètement paralysé, victime du locked-in syndrome. Prisonnier d'un corps inerte, il ne pouvait parler. Il parvenait néanmoins à cligner de l'œil gauche, le droit étant figé. Avec une incommensurable patience, Bauby mit au point un code de clins d'œil correspondant à l'alphabet, en commençant de la lettre e, la plus usitée, à w, la plus rare. Il travailla jour après jour avec une collaboratrice, qui couchait par écrit ses « dictées », et produisit un ouvrage poignant. Pour lui, son corps était engoncé dans un scaphandre mais, telles un papillon, ses pensées se mouvaient sans cesse. « Je serais le plus heureux des hommes si je pouvais avaler le surplus de salive qui s'écoule constamment dans ma bouche. » Au fil des pages, l'émotion point vite derrière l'humour. Comment ne pas compatir avec quelqu'un qui écrit : « Je peux pleurer en toute discrétion. Les gens pensent que mon œil valide est toujours embué. »

À l'instar de millions de téléspectateurs américains, j'ai été ému aux larmes en regardant Barbara Walters interviewer l'acteur britannique Dudley Moore, pianiste émérite de surcroît. J'ai rencontré Dudley il y a bien longtemps, à Broadway, en compagnie de son acolyte Peter Cook. Peu après, il allait connaître la gloire avec le film *10*, bientôt suivi d'*Arthur*. Ne l'ayant pas revu depuis quelques années, j'ai eu un choc devant mon écran de télévision : il avait l'air hagard, tenait à peine sur ses jambes et s'exprimait avec difficulté. Dudley souffre d'une paralysie progressive, affection neurologique dont les principaux symptômes sont la perte de l'équilibre, des chutes, et des troubles de l'élocution. Il avait accepté la proposition d'entretien avec la journaliste afin d'aider les autres à lutter contre cette maladie. Barbara Walters lui a demandé quelle activité lui manquait le plus depuis que le mal était apparu. Dudley eut un faible sourire, esquissa un étrange mouvement des doigts, et répondit :

– Jouer du piano.

John Callahan est tétraplégique. Ce grand rouquin débonnaire sillonne la ville de Portland à bord de son fauteuil roulant usagé. Il a créé un dessin animé, *Pelswick Eggert,* dont le héros éponyme est un handicapé de treize ans plein d'entrain. Susan Hauser a consacré à Callahan un article dans le magazine *Parade* où il explique que ce sont les questions candides des enfants qui l'ont poussé à imaginer une série d'animation sur le handicap : « Est-ce que tu dors dans ton fauteuil ? » « Et ta petite amie, elle est aussi en fauteuil roulant ? » Callahan avait alors entrepris de démontrer que les invalides ne sont guère différents du commun des mortels.

John a intrigué Robin Williams, qui l'a même surnommé « le plus grand comique à roulettes ». Tous les deux peaufinent actuellement un projet de film portant sur la vie de John, que Robin souhaiterait incarner à l'écran.

Callahan fait partie de ces « petits héros » qui mettent leur existence au service d'autrui.

Entre 1991 et 1992, alors que j'écrivais un roman avec pour personnage central un jockey unijambiste, je suis entré en relation avec Al Rappaport, dirigeant de Performance Prosthetics, fabriquant de prothèses artificielles. Al me présenta l'un de ses clients, Jim MacLaren, un beau gaillard de plus d'un mètre quatre-vingts. Étudiant à Yale, il avait percuté un autobus à motocyclette sur le chemin de l'université. Il y perdit sa jambe droite mais cela ne mit pas un terme à ses activités sportives. Il participa à des triathlons – il nageait quatre kilomètres, en parcourait cent quatre-vingts à vélo puis trente kilomètres de course à pied. Plutôt que de porter une prothèse esthétique, il préférait s'équiper d'une tige en acier introduite dans sa chaussure : à quoi bon la dissimuler ? L'estime que je lui vouais se mua en amitié et il séjournait chez moi dès qu'il était de passage à Beverly Hills.

Lors de sa première visite, Fifi m'avoua qu'elle craignait que Jim ne puisse gravir l'escalier menant à sa chambre. Je la rassérénai sans mal :

– Un homme capable de remporter un triathlon sur une seule jambe ne se laissera pas impressionner par quelques marches.

Un été, Jim me demanda de venir le soutenir lors de la journée de clôture du triathlon du comté d'Orange, qui tombait un dimanche. Je ne pouvais me libérer, aussi sommes-nous convenus de nous retrouver le lendemain, chez moi.

Le lundi, c'est à l'hôpital que je lui rendis visite. Il était complètement paralysé et s'était fracturé le cou.

– Kirk, me dit-il, quelles étaient mes chances de subir deux accidents aussi graves en l'espace de cinq ans ?

Il me relata en souriant les circonstances de sa chute : il dévalait une rue à vélo quand une camionnette avait croisé son chemin. Il avait effectué un vol plané, perdu son casque et s'était fracassé la tête sur un lampadaire dix mètres plus loin. Moi, je dus me réfugier dans le couloir pour pleurer.

Une fois encore, Jim surmonta son handicap. Avec un humour inaltérable, il s'entraîna chaque jour. Un après-midi, assis dans son fauteuil au bord de ma piscine, il me tira vers lui et me jucha sur ses genoux :

– Je te dépose quelque part ?

Il actionna la manette et nous fîmes le tour du bassin en riant aux éclats. Nous nous esclaffions encore quand l'engin s'immobilisa.

– Cet accident est un don du ciel, me dit-il.

J'étais interdit.

– Que veux-tu dire par là ? demandai-je.

– Il m'a apporté la chance.

– C'est ça, tu as croisé la chance par accident...

– Mais oui. Ça m'a transformé. L'homme que j'étais avant ne me plaisait pas beaucoup.

Je le dévisageai avec stupéfaction.

Aujourd'hui, Jim donne des conférences à des gens frappés de handicap physique. Par quel mystère l'adversité parvient-elle à fortifier certains êtres et à en anéantir d'autres ?

# 8

# Aérobic facial

– Ton orthophoniste est arrivée.

C'était ma merveilleuse épouse qui me tirait du lit.

– Au boulot ! ordonna-t-elle.

Ma dépression ne s'était pas envolée, mais je consentis à m'extraire de ma tanière. Je séchai mes larmes et me mouchai avant d'aller retrouver ma visiteuse. Quelle honte : j'étais redevenu un enfant, incapable de parler, obligé de tout apprendre de zéro.

Nancy Sadat, une femme avenante, me sourit. J'essayai d'articuler :

– Qu'est-ce qu'une attaque ?

Je m'aperçus, soulagé, qu'elle m'avait compris : elle au moins savait interpréter les borborygmes.

– Il s'agit d'un accident vasculaire cérébral. Une partie du cerveau est endommagée et ne fonctionne plus correctement. La cause en est l'obstruction d'une artère ou la rupture d'un vaisseau dans le cerveau. Les dégâts que cette attaque entraîne – dans votre mobilité ou votre expression – dépendent de l'étendue et de la gravité de l'atteinte. Mais on ignore pour quelle raison au juste l'artère se bouche ou se rompt. C'est un accident mystérieux.

– Myster...

Je n'arrivais pas à prononcer ce mot.

– Mystérieux ? me demanda-t-elle.

J'opinai en signe d'acquiescement.

– Eh bien, j'entends par là qu'il se produit d'un coup, sans préavis. Vous avez eu de la chance.

– Oui.

J'étais heureux de lui donner la réplique, ne fût-ce qu'en émettant une seule syllabe.

Elle reprit :

– Votre femme vous a conduit à l'hôpital dans les plus brefs délais.

– Et ? fis-je, soucieux de soutenir la conversation.

Elle me regarda droit dans les yeux et rétorqua :

– Monsieur Douglas, la rapidité des soins que vous avez reçus vous a sauvé la vie.

Mon cerveau – du moins, ce qu'il en restait – tourbillonnait. Le spectre de la mort, une fois de plus. Je ne veux pas mourir. Je reculai, dans l'espoir qu'elle ne percevrait pas mon effroi : et si j'avais épuisé mon quota de chance ?

Nancy ne me laissa pas ruminer mes pensées lugubres.

– Mel Tormé vous passe le bonjour, dit-elle.

– Quoi ? bredouillai-je.

– C'est un de mes clients.

– Une attaque ?

– En effet.

Mel était l'un de mes chanteurs préférés, doté d'une voix qu'on surnommait *velvet fog*, « brouillard de velours ». Malgré l'affection que je lui portais, nous ne nous étions pas vus depuis deux ans et j'ignorais tout de son état de santé.

– Comment va-t-il ?

– Il ne peut plus avaler.

Je lui lançai un regard interrogateur.

– L'attaque a endommagé son œsophage.

– ... Pour manger ?

– Il s'alimente grâce à un tube inséré dans son estomac.

Je frémis : à côté de cela, mes troubles de l'élocution passaient pour une bénédiction. J'aurais pu être plus mal.

– Saluez-le de ma part.

C'est ainsi que Mel et moi pûmes dialoguer chaque semaine par orthophoniste interposée.

Je travaillais dur, reconnaissant de pouvoir déglutir. Tout d'abord, il y avait des séances d'« aérobic facial », qui avaient pour but de m'assouplir les lèvres, la langue et les joues, suivies de vocalises.

J'avais aussi pour instructions de me masser souvent la joue droite, de déclamer une liste de mots, de parler lentement – afin de permettre à ma langue de former chaque son –, d'articuler autant que possible et de mettre l'accent sur les syllabes finales. J'en étais capable. J'étais même persuadé qu'en trois mois je m'exprimerais à la perfection. Ah ! l'optimisme...

Je me mettais à la tâche au saut du lit, devant une vidéocassette dans laquelle une ravissante présentatrice s'adonnait à des séries de grimaces. Nous travaillions ensemble chaque mois. Il existe bon nombre de procédés et d'appareils visant à muscler la bouche – des cuillères de tailles variées, des gadgets munis d'élastiques. Je les ai tous testés. Voici quelques-unes des astuces qui m'ont le plus servi :

- Ouvrez grand la bouche et bâillez. Transformez le bâillement en soupir. Recommencez à dix reprises.
- Comptez jusqu'à dix de votre ton le plus haut perché puis répétez l'opération de votre voix la plus caverneuse.
- Imaginez que vous avez du beurre de cacahuète collé au palais. Serrez les lèvres et placez la langue contre le palais. Poussez fort afin de vous débarrasser de tout le beurre de cacahuète.
- Tirez la langue aussi loin que possible. Tenez la position cinq secondes. Recommencez dix fois.

Il m'arrive de faire ces exercices au volant. Si vous souhaitez m'imiter, prenez garde à vous concentrer sur la route. Et puis, ignorez les regards amusés ou narquois des automobilistes qui vous surprennent à grimacer devant un feu rouge. Je ne conduis plus guère que pour me rendre à mon bureau, au green de golf et, bien sûr, chez le médecin.

Depuis mon accident cérébral, j'ai révisé ma conception du langage : c'est le mode de communication le plus riche, le plus nuancé, et le plus adéquat qui soit. Mais à mesure que je décortique la langue anglaise, je m'interroge : comment fait-on pour la maîtriser même quand on n'a pas été victime d'une attaque ? Les règles de l'orthographe n'ont ni queue ni tête. Que l'on songe à tous les homonymes qui ajoutent à la confusion ! Difficulté supplémentaire, en anglais, certains termes s'épellent de la même manière mais se prononcent différemment, en fonction de la position de l'accent tonique par exemple. Pour couronner le tout, comme chaque écolier le sait, il y a pléthore d'homophones – qui se prononcent à l'identique et s'écrivent différemment. J'en perds mon latin : à n'en point douter, ces complications ont été conçues pour mener la vie dure aux rescapés d'attaques cérébrales.

Aujourd'hui encore, les « s » me donnent du souci. Un soir, connaissant mon amour pour les pâtes, des amis m'ont emmené dîner italien. Je me révélai incapable de dire « spaghetti ». Quand je passai commande de « paghetti », les rires fusèrent autour de la table.

Les jours suivants, j'ai axé mes efforts sur les s. Si vous êtes dans le même cas que moi, retenez le conseil suivant :

Écartez les lèvres. La rangée de dents du haut et celle du bas doivent presque se toucher, la langue posée à plat sur cette dernière. Allez-y, dites s. Veillez à ce que votre langue repose légèrement sur les incisives et laissez l'air sortir au-dessus de la pointe. Attention : pour toutes les sifflantes, ne mettez pas la langue entre les dents. Exercez-vous dix minutes deux fois par jour. Articulez avec soin. Donnez le temps aux lèvres et à la langue de se mouvoir.

Vous avez compris ? Mettez donc cette astuce en pratique. Avec de l'entraînement, cela devient automatique.

Peu après, je retournai au même restaurant et m'approchai de la table de mes amis. Je me penchai vers eux et leur dis d'un trait :

– Spaghetti, spaghetti, spaghetti !

Je m'éloignai d'un air hautain, le cœur réchauffé par les s de leurs « sourires ».

Pour maîtriser certains mots, il me fallait parfois les décomposer de manière strictement phonétique. Par exemple, avant de pouvoir dire « Mexico », je dus prendre conscience que ce terme se prononçait Mèk-sico. Les chaussettes de l'archiduchesse et les chasseurs sachant chasser sans leurs chiens de chasse n'eurent bientôt plus de secret pour moi. Avant mon attaque, je m'y serais sans doute cassé les dents !

Au cours de cette phase d'apprentissage, je tâchai autant que possible de conserver le sens de l'humour et de la répartie. Quand l'un de mes fils me demandait de me répéter, je lui rétorquais :

– Comment ? Tu ne parles donc pas l'anglais...

Il en résultait même quelques fous rires.

Michael s'est toujours montré bienveillant à mon égard. Un jour que nous discutions d'un projet de film commun, il me lança :

– Ne t'inquiète pas, papa. Nous le ferons, ce film. Contente-toi de poursuivre tes séances avec ton orthophoniste.

– Michael, pourquoi n'irais-tu pas consulter mon orthophoniste toi-même ? lui dis-je.

Devant son air interloqué, je m'empressai de conclure :

– Et le jour où tu t'exprimeras aussi bien que moi, on le tournera, ce film !

# 9

# Les chiens, les roses, et moi

Il n'y avait pas que ma diction qui laissait à désirer : mes muscles nécessitaient également de l'entraînement, l'attaque ayant affaibli mon côté droit.

J'ai toujours été d'un naturel sportif. Quand je suivais les cours de la St. Lawrence University de New York, j'étais champion de lutte. Mes aptitudes physiques me servirent par la suite à exécuter mes propres cascades. Un beau jour, la vue d'une doublure effectuant à ma place des figures acrobatiques équestres m'agaça beaucoup et je déclarai de but en blanc au réalisateur que j'étais capable d'en faire autant, avec l'aide d'un petit trampoline. Si l'on veut enfourcher son cheval en réussissant son effet, rien de plus simple : il suffit en fait de soulever très haut son arrière-train. Empoignez le pommeau de la selle, esquissez un bond en vous servant des ressorts du trampoline et le tour est joué ! J'ai ainsi appris à monter en ciseaux ou en croupe, avec grâce. M'est avis que ma doublure ne me portait guère dans son cœur.

Je tirai parti de mes fraîches connaissances en matière hippique dans un film avec John Wayne. Tout le monde le surnommait Duke, mais moi, je m'obstinais à lui donner du John. Comme il s'en étonnait, je m'en expliquai : « Prince ou roi, peut-être... Mais duc ? Le titre manque de noblesse. » L'explication a semblé lui plaire.

Notre collaboration se déroula sans nuages. Toutefois, pendant le tournage de *La Caravane de feu*, exaspéré par ces gens qui portaient aux nues mes talents de cavalier, John déclara à une journaliste : « Foutaises ! Il est incapable de grimper sur un canasson sans trampoline ! » Malgré cette pique, nous sommes restés bons amis et avons tourné trois films ensemble.

J'adorais m'essayer à de nouvelles disciplines. J'appris à jongler pour *Un acte d'amour*, à sauter à la corde pour *Le Champion*, à ramer pour *Les Vikings* (c'est enfantin dès qu'on a pris la cadence)... Grâce au jonglage, je parvins sans peine à faire des manivelles avec des revolvers. Mon passé de lutteur m'aidait à tirer mon épingle du jeu dans toutes les bagarres. Ma forme physique allait de soi dans ma prime jeunesse. Mais les choses changent...

Aujourd'hui, je fais encore du sport. Beaucoup d'assouplissements, vingt à vingt-cinq pompes, autant de levers et de baissers de poids (5 kg). C'est bien simple, le manque d'activité physique m'expose à une deuxième attaque. Quant à mes genoux, je les raffermis en m'adonnant à l'aquagym dans ma piscine. Et puis, je joue au golf. Les premiers temps après mon accident cérébral, je ne me figurais même pas que je serais capable de tenir de nouveau un club entre les mains. Quelques mois plus tard, j'avais recouvré assez d'énergie pour faire un trois trous, puis un neuf trous et enfin un parcours intégral ! Mon fils Michael prétend que je joue mieux qu'auparavant parce que je n'essaye plus de pulvériser la balle. Si vous voulez mon avis, n'attendez pas d'avoir une attaque cérébrale pour améliorer votre handicap.

Quel que soit le genre d'activité que l'on pratique, la clé de la réussite réside dans un entraînement quotidien. Le programme de remise en forme que j'ai suivi a été conçu spécialement à mon intention, aussi je vous recommande de consulter un médecin ou un entraîneur sportif qui adaptera ses conseils à vos antécédents.

S'il vaut mieux s'en tenir à un planning personnalisé, certains exercices sont bénéfiques en règle générale. Marcher à un rythme soutenu pendant vingt à quarante minutes est très bénéfique. À cause de mes genoux fragiles, je dois pour ma part me contenter de courtes balades avec mes labradors.

Une attaque cérébrale fait de vous un être plus attentionné, plus soucieux du bien-être d'autrui. Quand, à 22 h 30, ma femme m'annonce qu'elle va sortir les chiens, je m'en charge désormais moi-même. Danny, au pelage doré, est le plus âgé des deux ; Foxy, aux poils bruns, doit sa fougue à sa jeunesse. Danny est juif, mais il l'ignore, alors ne le lui dites pas. Je l'ai baptisé Danielovitch, en référence à mon véritable nom, d'origine russe. Chaque soir avant de me coucher je me promène avec eux dans le jardin, en chantant.

Pendant qu'ils se soulagent, je me mets en quête de la plus belle rose. Avez-vous jamais cueilli une rose au clair de lune pour votre bien-aimé(e) ? Eh oui, les rescapés d'une attaque sont très fleur bleue.

Une question me turlupine : en écrivant « Ce que nous appelons rose, sous un autre nom, sentirait aussi bon », Shakespeare m'imaginait-il en train de ramasser des déjections canines par une nuit étoilée ?

# 10

# Cette chose qu'on appelle l'amour

Un accident cérébral a plusieurs conséquences fâcheuses, mais il en est une en particulier qui mérite qu'on s'y attarde : beaucoup de gens s'apitoient sur votre sort et veulent faire des choses à votre place ; or, comme vous avez vous aussi tendance à vous lamenter sur vous-même, vous êtes plus que disposé à abuser de leur serviabilité.

– Veux-tu quelque chose à boire, mon amour ? vous demande votre conjoint.

– Oui, j'aimerais bien.

– Ne te lève surtout pas, je m'en occupe.

Et après tout, pourquoi pas ? Vous vous remettez d'un choc rude : vous méritez qu'on prenne soin de vous.

Ne cédez sous aucun prétexte à de telles tentations : ne vous laissez pas aller !

Sans doute n'en ont-elles pas conscience, mais toutes ces bonnes âmes ne font rien moins que vous encourager à devenir grabataire. Sans crier gare, dans très peu de temps, elles vous nourriront à la cuillère et vous traiteront comme un fossile. Il faut les en empêcher.

Pour ma part, j'ai dû combattre une dépendance croissante vis-à-vis de ma femme. Par exemple, quand elle me demandait si j'avais soif, je prenais les devants, disais que j'allais me chercher à boire et lui proposais dans la foulée de lui rapporter quelque chose de la cuisine.

C'est dérisoire mais capital. En agissant ainsi, on se sent déjà plus fort. On accomplit un progrès, aussi modeste soit-il. De cette manière, on s'accroche à sa volonté ; or on a besoin de tout le poids de sa volonté pour se rétablir.

Je finis donc par comprendre que je ne devais à aucun prix laisser quiconque m'infantiliser. Il fallait reprendre le contrôle. Gagner en détermination. Me battre.

Il est vrai que l'entourage met forcément du temps pour adopter l'attitude adéquate face à un malade. Ma femme m'a rendu le meilleur des services : elle m'a interdit de me plaindre. Lorsque je pleurniche parce que j'ai du mal à parler, elle me rétorque :

– Chéri, ce n'est que temporaire. Tu es momentanément hors service, c'est tout.

Anne maîtrise l'équilibre parfait : elle m'offre son aide au moment propice et me laisse me débrouiller seul quand elle le juge opportun. Elle m'évite de prendre les décisions difficiles, se soucie de mon confort, supporte mes sautes d'humeur et me pousse à me dépasser. Je l'admire depuis toujours et j'ai appris à son contact à mener une vie pleine de sens. Mais j'ai compris ce qu'était l'amour le jour où elle a décelé une boule dans un sein, quelques années avant mon attaque cérébrale.

Je l'avais conduite à l'hôpital aussitôt : le médecin nous avait annoncé qu'il fallait ôter l'excroissance sur-le-champ. Pendant l'opération, je trépignai d'impatience dans la salle d'attente. Après ce qui me sembla une éternité, le chirurgien vint me rejoindre, encore revêtu de sa blouse verte. Il avait l'air sinistre.

– Alors ? demandai-je.

Il hésita.

– Dites-moi ! insistai-je.

– Kirk, nous avons retiré la grosseur mais...

– Mais quoi ?

– Le cancer se propage vers les ganglions lymphatiques.

J'avais la bouche sèche.

– C'est-à-dire ?

– Eh bien, s'il métastase, elle sera en danger de mort.

Le vacarme de la circulation semblait étouffé par le silence dans la pièce.

– Et Anne ? Comment va-t-elle ?

*Anne. Anne.* Son prénom résonnait dans ma tête.

– Elle est encore sur la table d'opération. Sous anesthésie.

– Mais faites quelque chose !

– Il nous faut votre consentement.

– Pourquoi ? Pourquoi ?

– Gardez la tête froide, Kirk !

– Ma femme est en train de mourir et vous me demandez de me calmer !

– Mais non, elle n'est pas en train de mourir.

– Alors, que pouvez-vous pour elle ?

– Eh bien, neutraliser la tumeur en procédant à une ablation du sein.

Voilà. C'était dit.

Je fus soudain pris d'une irrépressible envie de l'étrangler. Il est médecin et tout ce qu'il propose, c'est de mutiler ma femme ! Je lui tournai le dos, essayai de contenir mes larmes et pensai à la poitrine magnifique de ma bien-aimée Anne. Le sol se dérobait sous mes pieds.

– Kirk, je sais combien cette décision est difficile à prendre. Si vous le souhaitez, vous pouvez attendre son réveil pour en discuter avec elle. Mais cela ne facilitera pas les choses pour Anne.

Je lui fis face de nouveau et plongeai mes yeux dans les siens :

– Docteur, s'il s'agissait de votre épouse, que feriez-vous ?

Il ne cilla pas et répondit sans l'ombre d'une hésitation :

– J'accepterai l'intervention. Tout de suite.

Je m'affalai sur une chaise et dis, d'une voix presque inaudible :

– C'est d'accord. Allez-y.

Je sentis une pression sur mon épaule, puis entendis la porte s'ouvrir et se refermer.

Maintes et maintes fois depuis, je me suis interrogé sur le bien-fondé de cette décision. Anne affirme que j'ai eu raison de donner le feu vert au chirurgien. Pendant bien longtemps, elle a veillé à me dissimuler cette partie d'elle-même. Craignait-elle que je la trouve moins séduisante ?

Une fois ce cap passé, nous avons fait l'amour chaque nuit. Nous avions surmonté un obstacle, survécu à la vie. Parfois, quand j'ai l'impression d'avoir la langue coupée, Anne m'aide à trouver les mots justes et notre amour s'en trouve renforcé.

Elle s'est ensuite vouée corps et âme aux victimes de cancer du sein. Lors d'un rassemblement au Breast Resource Center, elle a dit :

– Il n'y a pas si longtemps, on n'avouait pas qu'on avait eu un cancer du sein. Après l'opération, devant l'image que réfléchissait mon miroir, je me considérais comme un être difforme. Il m'a fallu du temps et quantité de séances de travail avec un groupe de soutien pour comprendre la chance que j'avais d'être encore de ce monde. Aujourd'hui, je trouve un grand réconfort à en parler en public, quitte à pleurer devant des étrangers.

Les gens se marient parce qu'ils sont fous amoureux l'un de l'autre. Mais il arrive aussi qu'ils se méprennent, qu'ils confondent une passade, une obsession, une grande amitié, voire une parfaite harmonie sexuelle avec l'amour. En réalité, il faut du temps pour que l'amour germe et s'épanouisse. L'amour doit résister à l'épreuve des revers qui émailleront l'itinéraire du couple. Et puis, comme une œuvre d'art ou un bon vin, il doit aussi résister à l'épreuve du temps.

Dans ses *Lettres à un jeune poète*, Rainer Maria Rilke parle de l'amour comme de « deux solitudes se protégeant, se complétant, se limitant, et s'inclinant l'une devant l'autre ». En effet, deux êtres qui s'aiment ne devraient jamais devenir qu'un. Ils ne devraient pas même y aspirer. Le véritable amour suppose l'altérité, la distance, et naît du respect mutuel. Il se donne et se reçoit avec une intégrité qui ne peut provenir que d'une âme forte de son unicité. Et la solitude que confère cette unicité est compensée par le lien amoureux.

Il m'a fallu des années pour comprendre que c'étaient les différences entre Anne et moi qui donnaient tout son relief à notre union. Nous devons estimer l'autre et lui permettre d'être ce qu'il est indépendamment du couple. N'essayez jamais de changer votre conjoint.

Il est vrai que l'amour que vous portez à vos proches constitue parfois un talon d'Achille. Un jour peut-être votre cœur en paiera-t-il le prix. Et pourtant, un amour sincère, digne d'être partagé, conservé, voire entretenu coûte que coûte vaut que l'on risque de s'y briser le cœur. J'ai eu le bonheur de connaître un tel amour dans ma vie. Même si j'ai bien failli le perdre.

Il y a quarante-huit ans, un samedi soir, Anne et moi nous sommes échappés du tournage de *Vingt mille lieues sous les mers* afin de nous marier. La cérémonie eut pour cadre une suite du Caesar

Palace à Las Vegas, et pour officiant un dénommé Honest John Lytell, coiffé d'un authentique chapeau de cow-boy. Lorsqu'il enjoignit à Anne de répéter après lui : « Je prends Kirk pour époux légitime » en anglais *lawful*, ma fiancée parisienne prononça *awful* – horrible. Les épousailles faillirent tourner court. Un providentiel coup de téléphone nous tira de ce mauvais pas : c'était Frank Sinatra qui nous pressait d'en finir, parce qu'il nous attendait pour monter sur scène.

Anne et moi aurions dû fêter notre mariage en grande pompe. Je compte bien lui redemander sa main et, si elle me l'accorde, nous nous unirons de nouveau dans deux ans, à l'occasion de nos noces d'or. Je projette de donner une réception plus somptueuse encore que celle de mon fils Michael et Catherine Zeta-Jones. Si je veux être au point, autant commencer, dès aujourd'hui, à m'entraîner à dire : « Oui ! »

## 11

# Face au public

Avant mon accident cérébral, les membres de l'Académie des Oscar avaient décidé de me décerner un prix saluant l'ensemble de mon œuvre. J'avais accueilli la nouvelle avec un plaisir mêlé de reconnaissance. Mais pouvais-je être prêt à temps pour la cérémonie ?

Je continuai de travailler avec mon orthophoniste au rythme de trois séances par semaine. Un matin, je lui demandai :

– Ça fait longtemps que vous ne m'avez donné des nouvelles de Mel. Comment va-t-il ?

Elle eut une hésitation.

– Que s'est-il passé ? dis-je.

– Mel Tormé est mort avant-hier.

J'étais effaré. Ainsi on pouvait mourir d'une attaque ? Non, me repris-je *in petto* : Mel était incapable de déglutir. Moi, j'avais de la chance. Je songeai à mon camarade interprétant *The Christmas Song* de sa voix de velours embrumé.

Mais le temps filait et la soirée des Oscar approchait à grands pas. Chaque jour, j'effectuais religieusement mes séances d'aérobic facial ainsi que mes exercices physiques. J'essayai même de déchiffrer la Torah sous l'œil de mon rabbin. Je me raccrochais aux branches, sans grand espoir.

Trois mois passèrent et je ne voyais aucun signe d'amélioration. Comment allais-je pouvoir prendre la parole devant tous ces gens ? Mon orthophoniste prétendait que je progressais, mais je ne la croyais pas. En proie à la panique, j'eus une idée saugrenue : je demanderais à mon fils Michael d'accepter la statuette en mon nom.

– Pas question ! me répondit-il. Tu monteras sur scène, même s'il te faut y aller à quatre pattes !

Sur ce, il tourna les talons.

Il ne me restait aucune issue. J'allais devoir y aller en personne et dire trois mots : « Je vous remercie. » Je m'exerçai sans relâche devant la glace. Pour dire « Je », il faut mettre la langue... Ah ! Laissez tomber.

Le soir de la cérémonie, une limousine conduisit un Kirk Douglas pétrifié jusqu'à l'entrée des artistes. Ma femme et mes fils m'avaient devancé sur les lieux pour prendre leurs places dans l'assistance. À peine arrivé, je fus dépêché dans le bureau du producteur Quincy Jones. J'y trouvai l'animatrice vedette Oprah Winfrey, éclatante dans sa robe longue. J'essayai de faire de l'esprit :

– Si j'avais vingt ans de moins, vous ne m'auriez pas échappé !

Elle me sourit. À mon avis, elle ne comprit pas un traître mot.

Puis on m'emmena, tremblant de tous mes membres, à travers les couloirs sombres, jusqu'aux coulisses. Je pus enfin m'asseoir, les nerfs en pelote. Soudain, j'entendis retentir une voix : la mienne. Je tournai les yeux vers l'écran de contrôle : ils projetaient un extrait de *Spartacus*. Comme je m'exprimais bien !

« *Cette nuit-là, vous êtes entrée dans ma cellule, et je vous ai regardée. Je vous ai touché la peau, caressé les cheveux...* »

Je sentis un baiser sur ma joue : Sharon Stone. Un autre : Whoopie Goldberg. Mel Gibson s'approcha à pas feutrés. Il ne m'a pas embrassé, mais m'a souhaité bonne chance.

Après quoi, la voix de Steven Spielberg me parvint de la scène :

– Si ce soir nous rendons hommage à Kirk Douglas, c'est parce qu'il a abordé au cours de sa carrière presque tous les aspects du monde du cinéma. Il a réalisé des films, il en a produit, et, dans le même temps, a contribué à réduire en miettes la « liste noire » de triste mémoire.

Ces derniers mots m'allèrent droit au cœur : avoir fait un sort à la liste noire, la chose dont j'étais sans doute le plus fier. Mais déjà il poursuivait :

– La plupart des stars de son envergure sont entrées dans la légende grâce à un grand rôle exceptionnel. Mais Kirk n'a pas laissé un personnage lui coller à la peau. Il se distingue par sa sincérité, qualité qui fait de lui un être inimitable. C'est ce moteur qui l'anime à travers tous les héros qu'il a incarnés, de Spartacus à Vincent Van Gogh.

Wow ! À présent, j'étais tout ouïe. Je fermai les yeux et laissai ses paroles me caresser.

– Ces héros ne sont pas hors du commun : ils sont vivants, réels. Nous pouvons nous identifier à eux, nous les approprier. Ils nous touchent et apportent à l'obscurité une vie et une clarté sans pareil.

Je buvais du petit lait.

– *Mesdames et messieurs, Kirk Douglas !*

Je manquais tomber de ma chaise. Quelqu'un m'aida à me lever et me murmura à l'oreille :

– Un milliard de téléspectateurs vous regardent.

Pour conjurer le trac, on a sans doute fait mieux.

Je me redressai, rejetai les épaules en arrière, pris une profonde inspiration et tentai d'adopter la démarche puissante d'un gladiateur dans l'arène. J'étreignis Spielberg puis me tournai vers le public. Je clignai des yeux. Deux mille personnes. Debout. Qui m'ovationnaient. Et j'allais me contenter de leur offrir en retour un misérable « Je vous remercie » ? Spielberg me tendit la statuette. J'ignorais qu'elle pesait aussi lourd. L'assistance ne faisait pas mine de se rasseoir. Les vagues d'applaudissements me submergèrent. Impossible de leur dire simplement merci. Je scrutai le parterre des yeux. Mon Oscar à la main, je m'approchai du micro à pas hésitants. Enfin, j'osai regarder le public. À droite, je repérai la rangée qu'occupaient ma femme et mes quatre fils – Eric, Peter, Joel, Michael. Ils avaient les yeux rivés sur moi. Je me remémorai les leçons de mon orthophoniste. Faire une pause... respirer... déglutir... articuler.

Je commençai lentement :

– J'aperçois mes quatre fils, dis-je en pointant le doigt vers eux. Ils sont fiers de leur vieux papa.

Un éclat de rire général accueillit mes paroles. Ils m'avaient compris !

J'avisai ma femme, qui se cachait le visage dans les mains pour pleurer. Plus tard, elle me reprocha d'avoir gâché les prouesses de sa maquilleuse – qui lui avaient coûté une petite fortune. Je levai la statuette et déclarai :

– Anne, ceci t'appartient. Je t'aime.

Tonnerre d'applaudissements. Je faisais le plein : je ne voulais plus quitter la scène. Je pris une profonde inspiration et déglutis.

– Je vous remercie pour cinquante années merveilleuses dans le monde merveilleux du cinéma.

Je m'inclinai, la clameur me donnant des ailes. Le bras autour de Spielberg, je quittai le podium, sous une deuxième *standing ovation*.

Ils m'avaient compris. Ils m'avaient vraiment compris.

Confucius disait que le chemin le plus long commence par le premier pas. Je venais d'accomplir le premier pas important en vue de ma réinsertion auprès de mes pairs. J'avais parlé devant un public, mon public.

Je tirai de cette expérience un principe indispensable à la lutte contre le handicap : ne jamais baisser les bras !

Lettres, fax et appels téléphoniques m'inondèrent. Une missive m'a stupéfait : elle était signée de la main du roi Hussein de Jordanie. Le souverain hachémite avait regardé la retransmission télévisée de la cérémonie des Oscar et m'invitait cordialement à découvrir son royaume. Bien entendu, il n'était pas question pour moi d'effectuer un voyage aussi long, mais je le remerciai pour sa gentillesse. Son message d'encouragement m'incita cependant à redoubler d'efforts avec mon orthophoniste et à converser davantage avec des gens extérieurs au cercle familial.

À la mort du roi, j'eus le sentiment d'avoir perdu un ami. Il ne saurait jamais à quel point il m'avait aidé.

## 12

# Mon pacemaker

Me revoici à l'hôpital. Cette fois, pour remplacer mon pacemaker.

Oui, je porte un pacemaker depuis dix ans. En avez-vous jamais vu ? C'est une batterie de petite taille, guère plus grande qu'une pièce de monnaie, située dans un boîtier muni de fils qui relient le générateur de pulsations au cœur pour empêcher tout ralentissement excessif des battements.

Après une décennie de bons et loyaux services, la pile au lithium s'est épuisée. Comment m'en suis-je rendu compte ? Eh bien, chaque mois, un bureau new-yorkais surveille l'état du stimulateur cardiaque logé dans ma poitrine, à Beverly

Hills, soit à plus de quatre mille kilomètres de la cote est. Le téléphone sonne, une voix me dit :

– Êtes-vous prêt, monsieur Douglas ?

– Une minute, je vous prie.

J'ouvre alors un coffret rangé à proximité de mon lit, qui contient une batterie, une fourche pour le combiné du téléphone et deux bracelets munis de câbles. J'enfile les bracelets, enclenche la batterie et annonce :

– Je suis paré.

– Posez le téléphone sur la fourche et comptez jusqu'à trente.

J'obéis.

Ensuite, je reprends l'appareil et ma correspondante me répond :

– C'était parfait. À présent, remettez le téléphone sur la fourche, placez l'aimant sur votre pacemaker et comptez jusqu'à vingt.

À vos ordres.

– C'était parfait. Je vous souhaite une agréable journée, monsieur Douglas.

Toute la procédure ne dure que quatre minutes. Ensuite, mon médecin reçoit un compte-rendu de l'activité de mon pacemaker et de la fréquence à laquelle mon cœur y recourt. Au passage, on en profite pour vérifier l'état de la pile. Un beau jour, elle est arrivée en bout de course. Il va falloir en changer. Voyez-vous ça.

L'ennui, c'est que même une intervention chirurgicale mineure m'obligerait à interrompre ma prise de Coumadine, un anticoagulant qui prévient la formation de caillots, principaux responsables de la survenue des accidents cérébraux.

Les victimes d'attaques se font facilement des bleus. Je finis par me lasser de découvrir chaque jour de nouvelles ecchymoses dès que je heurte un meuble. Il faut en outre veiller à ne pas se blesser parce qu'on saigne abondamment. Comme j'ai les rotules en piteux état depuis mon accident d'hélicoptère, je suis candidat à des genoux tout neufs, mais mon médecin m'a enjoint de supporter la douleur et d'oublier l'opération.

Mon pacemaker en revanche ne peut attendre. À reculons donc, le Dr Gold m'autorise à supprimer l'anticoagulant avant l'intervention. On m'anesthésie. Puis on m'ouvre la poitrine et l'on substitue une batterie en état de marche à la petite pile défaillante. Un sentiment d'impuissance m'envahit. La perspective de mourir me hante. Je perds connaissance en entendant résonner dans ma tête les paroles de ma mère :

– Ne crains rien, cela arrive à tout le monde.

## 13

# Lumières, caméra, action !

On frappe à la porte. Fifi pénètre dans mon antre, une grande enveloppe à la main.

– On nous a livré ça par coursier.

J'éteins le poste de télévision et ouvre le pli. C'est un scénario. Un scénario pour un long-métrage : *Diamonds*. Je suis abasourdi. On veut me confier le premier rôle !

Une pensée fuse alors dans mon esprit : je suis incapable de refaire du cinéma ! Mais cette funeste réflexion ne fait pas long feu : après tout, pourquoi pas ? Notre héros n'a qu'à subir un accident cérébral. Qui mieux que moi saurait interpréter un tel personnage ? J'accepte la proposition. Des jours durant j'apprends le texte jusqu'à le connaître par cœur. Mais à l'approche de la date fatidique du début de tournage, je commence à avoir le trac.

– Anne, je ne crois pas que je serai capable de parler.

Le regard dédaigneux, ma femme me répond :

– Devant les caméras, tu te mettras à parler.

Et elle avait raison.

Mais auparavant, je téléphone à mon amie Lauren Bacall, que je veux pour partenaire.

– Betty, lui dis-je, j'ai un rôle formidable pour toi dans mon prochain film.

– Ton prochain film ? demande-t-elle, au comble de la surprise.

– Hé oui, je vais tourner dans un film. Je suis acteur, au cas où tu aurais besoin que je te rafraîchisse la mémoire !

– Non, c'est inutile, railla-t-elle. Quel est le rôle en question ?

– Il te va comme un gant !

– Mais, enfin, de quoi s'agit-il ?

– D'une tenancière de bordel !

Après quelques jurons, elle me donne son accord : elle interpréta la mère maquerelle à la perfection.

Le tournage se déroula dans le Nevada, à Reno. Pendant tout ce temps, j'oubliai ma dépression et ma dépression m'oublia. J'étais tout à mon personnage, à qui j'insufflai une grande partie de mon vécu. Harry était un roi du ring obligé de raccrocher les gants suite à une attaque cérébrale. Le réalisateur en profita pour utiliser des plans du *Champion*, dans lequel j'avais joué un boxeur âgé de vingt-sept ans.

*Diamonds* sortit, avec Kirk Douglas sur le haut de l'affiche. J'étais redevenu acteur ! Les spectateurs me comprenaient. Ils aimaient le film. Les victimes d'accident cérébral, leurs familles, et même les associations de patients étaient subjuguées.

Voyez-vous, les gens cachent souvent le fait qu'ils ont subi une attaque. Ils éprouvent un mélange de culpabilité, de gêne, d'humiliation. Ils pensent qu'on les prend pour des crétins dès qu'ils s'expriment. *Diamonds* contribua à mettre en lumière leurs difficultés et poussa beaucoup d'individus à s'en ouvrir. Je fis mon possible pour répondre aux appels et aux courriers que je recevais.

*« ... J'ai eu une attaque qui a paralysé mon côté gauche et me prive de ma faculté d'écrire. Je vous ai vu à la télévision et je me suis fixé comme but de me remettre aussi bien que vous. »*

*« ... Ne perdez pas courage, vous ne pourrez qu'aller mieux. »*

*« Savoir que vous avez subi un accident cérébral et que vous avez réussi à tourner dans un film me procure un immense espoir. »*

*« Il y a trois ans, j'ai eu un accident cérébral. Puis un infarctus. Ensuite une blessure au pied. Il n'y a pas de justice en ce bas monde. Mais cette année, je me suis fixé un objectif : je compte réapprendre à marcher et à conduire. »*

*« ... Grâce à vous, j'ai bon espoir de remarcher un jour. »*

*« ... Vos efforts pour avancer après votre attaque m'ont donné une raison de vivre. »*

Et quantité d'autres témoignages encore. À travers mes réponses, j'ai tenté d'atténuer les craintes de chacun.

On me sollicita alors pour donner des conférences. Comment réussissais-je à gérer mon traumatisme ? Par quel moyen conservais-je le sens de l'humour ? Et la dépression ? À contrecœur, je m'extirpai de mon cocon et m'envolai pour San Francisco, où se réunissait un congrès d'orthophonistes. Les membres de cette corporation m'avaient été d'une grande aide et je désirais leur montrer ma reconnaissance.

Voici ce que je leur dis :

*Après une attaque, il faut parler lentement – pour se faire comprendre. Et je me suis rendu compte que, lorsqu'on s'exprime lentement {longue pause} les gens vous écoutent ! {Rires.} Ils pensent que vous allez dire quelque chose d'important. {Rires.} Me comprenez-vous lorsque je parle ? C'est sidérant. Car, juste après mon accident cérébral, je babillais comme un nouveau-né. Mais j'ai travaillé dur avec mon orthophoniste et au bout de quelques mois, je parlais aussi bien que ma petite-fille Kelsey, âgée de trois ans.*

*J'ai persévéré et, un beau jour, j'ai dit à Kelsey : « Chérie, répète "transcontinental". » Elle est restée coite. Je lui avais fait mordre la poussière. {Rires.} À présent, je parle comme un gamin de six ans. C'est merveilleux d'être grand-père. On joue quelques heures avec ses petits-enfants et l'on file se réfugier chez soi. Vous savez que j'ai quatre fils et que j'ai travaillé avec tous excepté Michael. Eh bien, nous mettons actuellement la dernière main à un scénario. Je suis enthousiaste à l'idée de collaborer avec mon célèbre fiston. Si j'avais su qu'il deviendrait une star, j'aurai été plus gentil avec lui quand il était petit.*

Je pris confiance, au point de faire des discours de plus en plus souvent, non sans une certaine effronterie. Voici comment je remerciai ma femme, qui m'avait tant épaulé :

*Mon épouse m'est d'un immense secours, mais c'est une adepte de l'amour vache. La semaine dernière, je lui ai fait savoir que j'aimerais beaucoup prendre le petit déjeuner au lit. Elle m'a rétorqué que je n'avais qu'à coucher dans la cuisine ! Elle perd vite patience. Un jour, après une dispute, elle m'a crié : « Je te quitte ! » Ce à quoi je lui ai répondu : « Si tu me quittes, je viens avec toi ! » Je reconnais cependant qu'elle m'est indispensable. Avant de venir vous voir, je lui ai fait part de mes inquiétudes concernant mes difficultés d'élocution. « As-tu quelque chose d'important à dire ? » m'a-t-elle demandé. Eh bien, peut-être n'ai-je pas quelque chose d'important à dire, mais puisqu'on me réclame des discours, j'en déduis que les gens aiment entendre parler en baragouin. Je pense que je vais lancer une mode : celle des orateurs post-accident cérébral.*

Je dirais n'importe quoi pour déclencher l'hilarité générale.

Fred DeCordova, l'ancien réalisateur du légendaire *Tonight Show* de Johnny Carson, a eu une attaque. On se connaît depuis des années. Sa femme m'a téléphoné : il était déprimé. Je suis allé le voir dans le but de lui rendre le sourire.

– Quel âge as-tu, Fred ?

– Quatre-vingt-onze ans.

– Quatre-vingt-onze ans ?

– Ouais.

– Dis donc, tu ne lis pas les rubriques nécrologiques ?

– Non, jamais.

– Eh bien, tu devrais ! Ça te permettrait de savoir que tu as une sacrée longueur d'avance.

Il m'arrive d'être contacté par des personnes dont l'entourage peine à faire face aux séquelles de leur attaque. Il est vrai que des individus souffrant du même mal se comprennent bien mieux entre eux.

J'ai un ami de cinquante ans qui s'est rendu à mon chevet après mon accident d'hélicoptère puis après mon attaque cérébrale. Il y a quelque temps, on l'a emmené en urgence à l'hôpital. Pendant plusieurs semaines, il est resté en réanimation et je n'ai pas pu le voir. Incapable de déglutir, il s'alimentait grâce à un tube glissé dans l'estomac. Bien entendu, il souffrait de difficultés d'élocution. Lorsque l'on m'en donna enfin l'autorisation, je courus à son chevet. Il avait l'air pitoyable. Je songeai alors à tous ceux qui avaient défilé devant moi quand j'étais au plus mal. La plupart ne savaient que dire ou me parlaient comme si j'avais des neurones en moins. Je m'aperçus vite que mon ami était parfaitement sain d'esprit. Quand il essaya de me parler au prix d'un grand effort, je lui dis :

– Écoute, après des séances de travail avec ton orthophoniste, tu parleras comme avant, c'est-à-dire, trop !

Un faible sourire éclaira son visage.

– Et je t'accompagnerai chez ton orthophoniste, repris-je. Mais ne m'en veux pas si je passe premier de la classe !

L'humour est le meilleur remède à administrer à un être qui souffre.

Sa famille et ses proches voulaient tenir son état secret. Pourquoi ? D'aucuns considèrent les accidents cérébraux comme la lèpre. Quand on a un cancer, on est traité avec plus de dignité. En rentrant chez moi, ce soir-là, je me sentis très malheureux pour mon ami. Que faire pour l'aider ?

Autrefois, ce grand bavard brillait par son humour. Il avait toujours un bon mot à la bouche et tournait en dérision chaque situation. Il fallait que je trouve un moyen de venir à son secours.

Il n'est pas toujours aisé d'apporter son concours aux victimes d'une attaque. Lorsque le célèbre réalisateur de *Marathon Man* John Schlesinger en avait eu une, mon ex-femme Diana m'a appelé :

– Parle-lui. Tu peux lui remonter le moral.

Je lui ai donc téléphoné à l'hôpital. Mais son assistante m'a dit qu'il ne voulait pas prendre la communication. Je ne comprenais que trop bien son sentiment, pour l'avoir éprouvé moi-même. Je lui ai laissé un message : s'il souhaitait me parler, j'étais à sa disposition.

Il y a peu, mon ami Jack Valenti, l'ancien conseiller spécial du président Kennedy, m'a appris que le secrétaire au Trésor de Bill Clinton, Lloyd Bentsen, avait eu un accident cérébral. Je lui ai envoyé une lettre, à laquelle sa femme m'a répondu chaleureusement. Je lui ai écrit à nouveau, pour lui faire savoir que je désirais lui parler. Ce courrier est resté sans réponse.

Diana m'a sollicité de nouveau, par écrit cette fois :

*J'hésite à te demander une autre faveur, après que tu as si gentiment cherché à contacter John Schlesinger en vain. Mais l'on vient de m'annoncer que Julie Harris a subi une attaque et qu'elle a perdu l'usage de la parole.*

*Elle est hospitalisée à Boston et refuse de voir quiconque. Elle est dans un état de dépression très grave. Il n'y a sans doute rien de plus terrifiant pour un acteur que d'être privé de sa voix.*

*Un petit mot de ta part lui apporterait sûrement un peu d'espoir.*

Aussi écrivis-je à Julie :

*Chère Julie,*

*Il y a trois ans, j'ai eu un accident cérébral. Je ne voulais voir personne. Je voulais que personne ne me voie. Je suis resté couché, en proie à la dépression.*

*Je crois que la dépression est une chose très difficile à surmonter. Il faut néanmoins la combattre et prendre conscience que les choses pourraient être pires.*

*Je suis en train d'écrire un livre destiné à aider les rescapés d'une attaque. Peut-être aidera-t-il certains à faire face à la dépression. Puis-je t'en envoyer un exemplaire ?*

*Les souvenirs de ta carrière me sont précieux. Ne baisse pas les bras !*

*Amitiés,*

*Kirk*

# 14

# Je hais la technologie !

Le simple fait de téléphoner est devenu une épreuve. Je suis gêné si, au bout du fil, mon interlocuteur ne me comprend pas. Je me passe volontiers de portable. Mais quand je marche dans la rue, que font ceux qui m'entourent ? Ils battent le pavé une petite boîte collée à l'oreille, en pleine conversation avec un correspondant lointain. Les automobilistes badinent ou se chamaillent avec un fantôme en roulant à toute allure. Je n'aime pas ça. Peu à peu, j'en viens à détester le progrès.

Ma femme m'a acheté une voiture splendide. Elle avait l'air très gaie le jour où le vendeur nous en avait fait l'article. Je m'étais assis près de lui et l'avais regardé presser des boutons.

– Quel numéro voulez-vous ? fit le bolide.

J'ouvris la portière et me dégageai de l'habitacle.

– Je n'en veux pas, déclarai-je.

Mon épouse et le vendeur étaient atterrés.

– Je ne veux pas d'une auto qui parle !

Malgré toutes leurs suppliques et démonstrations, je n'en démordais pas :

– Gardez-la, je n'en veux pas !

À présent, Anne conduit la voiture parlante et moi son vieux coupé, pour notre plus grand bonheur à tous les deux. Je ne plaisante pas, la technologie m'agace.

Parfois, j'appuie sur les touches de la télécommande à toute vitesse. Une centaine de chaînes de télévision sont à ma portée en un éclair, toutes audibles, en provenance du monde entier. Ceux qui le désirent peuvent capter un millier de canaux. Quand cela va-t-il s'arrêter ?

Toute ma vie durant, j'ai eu du mal à comprendre comment la voix pouvait être véhiculée par des câbles téléphoniques. Et dire que, de nos jours, on se passe même des câbles ! Il m'arrive de regarder autour de moi et de m'interroger : les images de la télévision viennent-elles se nicher dans mes poumons quand je respire ? J'ai connu des gens capables de régler la fréquence de leur radio en bidouillant leurs plombages dentaires. J'ai peur de respirer !

Peut-être dira-t-on que mon attaque m'a ramolli le cerveau. Mais qui peut se vanter de comprendre les techniques qu'on emploie au quotidien ?

Peut-être suis-je simplement jaloux de ces voitures, de ces usagers d'ordinateurs ou de téléphones cellulaires et même de mon propre pacemaker qui savent communiquer sans effort, alors que, pour moi, chaque mot est un combat sans merci.

## 15

# Je crois aux miracles

Même ceux qui prétendent tout savoir de la technologie n'ont pas encore percé à jour les mystères du corps humain. Malgré des siècles de dissections, de manipulations, de connaissance intime, nous n'entendons pas grand-chose aux rouages de notre organisme.

La science a certes identifié les causes d'une attaque – une hémorragie ou une interruption brutale de l'irrigation du cerveau. Mais de l'une ou de l'autre, laquelle s'est-elle produite en moi ? Une artère s'est-elle rompue ? Ou un caillot a-t-il obstrué un vaisseau, empêchant ainsi la circulation de se faire ? Que savais-je des accidents cérébraux avant d'être directement concerné par la chose ? Rien.

Ce processus apparemment simple qui consiste à traduire par la parole une pensée, une image, une idée, née dans le cerveau, est d'une extrême complexité, mais ce n'est là que l'un des petits miracles qui nous animent. Oui, c'est un miracle. Et les miracles sont l'œuvre de Dieu.

Albert Einstein disait : « Il n'y a que deux façons de vivre sa vie : comme si rien n'était miracle, ou au contraire, comme si tout était miracle. » Le père de la théorie de la relativité croyait en Dieu. Et si vous croyez aux miracles, c'est que vous croyez en Dieu.

Depuis mon attaque, je recense des miracles au quotidien. Je regarde à travers la fenêtre de ma chambre : herbe luxuriante, feuilles de chêne aux reflets d'argent, palmiers aux cimes ondulant vers le ciel, roses à profusion. Explosion de couleurs, de formes, de parfums exquis. J'ai pris conscience des nombreux prodiges dont nous sommes souvent les témoins blasés : le passage des saisons, la formation des nuages, le coucher du soleil, l'aurore. D'où viennent les brises d'été, les bourrasques, la pluie, les arcs-en-ciel, la lune en perpétuelle mutation, la neige ? Les arbres oscillent doucement, croulant sous le poids d'oranges gorgées de soleil attendant d'être cueillies.

L'une de mes prières juives préférées dit à peu près ceci :

*Ô Dieu, comment pouvons-nous Te connaître ? Où pouvons-nous Te trouver ? Tu es aussi près de nous que notre souffle, et pourtant Tu es aussi lointain de l'étoile la plus distante. Tu es aussi mystérieux que la vaste solitude de la nuit, et aussi familier que la lumière du soleil.*

Ce texte reflète très précisément ce que j'éprouve à l'égard de Dieu, aussi je le récite tous les jours.

Je me sens retomber en enfance à force de contempler le monde comme si je le voyais pour la première fois. Je suis encore vivant. N'est-ce pas en soi un miracle ? Moi, le rescapé d'une attaque âgé de quatre-vingt-trois ans, l'acteur qui tourne de nouveau, le père, le grand-père, l'époux... J'ai une furieuse envie de danser !

Si jeune à nouveau ! Dieu merci ! Oui, il me faut rendre grâce à Dieu, mais comment ? J'ai trouvé. Dans la tradition juive, un garçon accède à sa majorité religieuse à l'âge de treize ans et marque l'événement par une cérémonie, la bar-mitsva. Celle-ci se déroule le samedi matin à la synagogue, où l'adolescent est appelé à lire dans le rouleau de la Torah, avant de faire un discours suivi d'un repas festif auquel assistent tous ses parents et amis. D'après la Torah, la vie d'un homme obéit à un cycle de soixante-dix ans, après quoi tout recommence. À quatre-vingt-trois ans, j'ai donc treize ans à nouveau. Je vais remercier le ciel en célébrant ma deuxième bar-mitsva.

Lorsque je leur fis part de mon projet, mes amis crurent à un canular. Ce qui ne m'empêcha pas d'apprendre scrupuleusement les prières hébraïques d'usage.

Ce jour-là, le Temple Sinaï était plein à craquer. J'étais entouré de mes fils, de mes petits-enfants, de mon épouse et de mon ex-femme. Michael était accompagné d'un beau brin de fille, Catherine Zeta-Jones, à qui il s'empresserait de passer la bague au doigt. Tant de mes compagnons de route avaient répondu présent : Karl Malden, Larry King, Red Buttons, Don Rickles, Roddy McDowell et même le maire de Los Angeles, Richard Riordan.

Je prononçai un discours après l'office religieux :

*Ce vieux tallith, ou châle de prière, que j'arbore, je le portais déjà voici soixante-dix ans lors de ma première bar-mitsva. Si ma mère nous regarde d'où elle est, elle le reconnaîtra.*

*Aujourd'hui, je deviens un homme. Mais il faut du temps, dans ce monde troublé, pour devenir un homme et assumer ses responsabilités.*

*Je vous remercie tous de vous être associés à cet événement, et ma reconnaissance va en particulier aux rabbins avec qui j'ai étudié. Je crois que je connais plus de rabbins que de juifs !*

*Il y a soixante-dix ans, à l'âge de treize ans, j'ai célébré ma première bar-mitsva. J'avais été drôlement soulagé une fois acquitté de cette corvée : finis les coups de règle sur la main à la moindre entorse à la liturgie ! Après ma bar-mitsva, je me suis éloigné du judaïsme. Je me savais juif, mais je le gardais pour moi.*

*Pendant des années, le cinéma m'a accaparé : je décimais des Vikings ou des Romains, mettais KO des adversaires sur le ring, ou rivalisais d'adresse au pistolet avec Burt Lancaster.*

*Pendant des années, j'étais trop occupé pour ne penser à nul autre que moi.*

*Même si je ne me rendais pas à la synagogue, je conservais des attaches avec le judaïsme : je jeûnais tous les ans à Yom Kippour, le jour du Grand Pardon. Et laissez-moi vous dire que faire l'amour à Lana Turner le ventre vide n'est pas une mince affaire.*

*Le théologien et romancier C.S. Lewis écrivait : « Dieu murmure dans nos moments de joie, mais sonne dans nos souffrances. La souffrance est son mégaphone pour réveiller un monde engourdi. » Je l'ai compris le jour où l'hélicoptère dans lequel je me trouvais a percuté un petit avion. À mon réveil à l'hôpital, j'eus la surprise de constater que j'étais encore en vie, mais j'étais tenaillé par la douleur et la culpabilité. Les deux jeunes à bord du petit appareil avaient péri dans l'accident.*

*J'étais septuagénaire. Pourquoi avais-je survécu ? Le chagrin me rongea et – j'ignore pourquoi – je me mis à étudier la Torah. Je l'ai parcourue en entier à deux reprises avec un maître. J'appris à m'enorgueillir de mes racines juives. Peut-être trop, d'ailleurs, puisque je décidai de suivre l'exemple de Moïse et de gravir le mont Sinaï. Après tout, pourquoi pas ? Moïse avait mon âge quand il en avait entrepris l'ascension !*

*Anne réagit vivement à ce projet :*

*– De l'escalade ! Avec un dos dans un état pareil !*

*Elle exigea que je passe une visite médicale auparavant, alors le Dr Gold me fit monter sur le tapis roulant, des électrodes fixées sur mon corps, sous le regard vigilant de ma femme.*

*Au bout de quelques minutes, le Dr Gold arrêta la machine et me dit :*

*– Kirk, restez sagement ici et laissez Anne gravir le Sinaï.*

*Les épouses sont décidément des empêcheuses de tourner en rond.*

*Il est vrai que je m'intéresse moins aux rites qu'à l'esprit de la Loi. Je pense qu'il faut respecter l'enseignement commun à toutes les fois : tu aimeras ton prochain comme toi-même.*

*Toutes les religions partagent le même Dieu, celui d'Abraham. Les musulmans se rapprochent de Lui par le biais de Mahomet, les chrétiens grâce à Jésus, et nous autres juifs en gravissant le mont Sinaï sur les traces de Moïse. Nous sommes tous les enfants de Dieu.*

*Le cardinal-archevêque de New York, Mgr O'Connor, a dit : « Alors que débute un nouveau millénaire de relations judéo-chrétiennes, un souffle neuf, fait de respect et d'amour mutuels, renouvellera nos rapports, car nous sommes tous les enfants de Dieu. Chacun œuvrant à sa manière, mais aussi ensemble, pour demeurer engagés dans l'accomplissement de la volonté divine. »*

*Aujourd'hui, ayant eu la chance d'atteindre l'âge canonique de quatre-vingt-trois ans, je célèbre ma deuxième bar-mitsva. Il me faudra patienter jusqu'à mon cent-cinquante-troisième anniversaire pour fêter la troisième. N'attendons pas si longtemps. J'ai de nouveau treize ans. Je promets, je promets, d'être plus sage à l'avenir.*

Le cardinal O'Connor m'a écrit peu avant sa mort, pour me remercier de l'avoir cité.

Un an après environ, j'ai tourné dans un épisode du feuilleton *Les Anges du bonheur*, écrit par le rabbin Joseph Telushkin. J'incarnais un grand-père s'apprêtant à fêter sa bar-mitsva avec son petit-fils. J'étais fin prêt pour le rôle.

# 16

# Cirer les pompes du bon Dieu

– Kirk, pourquoi cirez-vous les pompes du bon Dieu ?

La question que mon médecin et ami, le Dr Rick Gold, venait de me poser me laissa pantois.

– Que voulez-vous dire ?

– Vous avez quatre-vingt-trois ans, n'est-ce pas ? poursuivit-il.

Précision inutile, s'il en est.

– Eh bien, quoi ? demandai-je.

– Vous avez eu un accident d'hélicoptère, non ?

– En effet.

– Une attaque cérébrale ?

– Oui.

– Un pacemaker ?

– Où diable voulez-vous en venir ?

– Vous arrive-t-il jamais de songer à mourir ?

À mon avis, il m'avait dans le collimateur.

Je me tus un instant, dans l'espoir de formuler une réponse qui réduirait au silence mon interlocuteur.

– Albert Schweitzer affirmait que l'on doit vivre sa vie comme si la mort était perchée sur son épaule, dis-je, croyant m'être tiré de ce mauvais pas.

Erreur.

– Je ne m'adresse pas à M. Schweitzer mais à vous ! pesta-t-il.

– C'est bon, je vous écoute.

– Anne et vous faites tout un tas de bonnes actions : vous construisez des terrains de jeux pour les enfants, des maisons pour les personnes âgées atteintes de la maladie d'Alzheimer, des centres de réinsertion pour les femmes SDF.

– Et y a-t-il à redire quelque chose à cela ?

– Non. Juste que vous cirez les pompes du bon Dieu.

Le dard m'avait piqué.

– Rick, je ne vous comprends pas.

– Pourquoi avez-vous organisé une deuxième

cérémonie de bar-mitsva ? Pour jurer d'être sage ?

Il ricanait.

J'étais si furieux que les mots me manquèrent. Après une attaque cérébrale, la moindre source de contrariété peut vous paralyser la langue.

Le bon Dr Gold répondit à ma place :

– Vous avez fait tout ça pour que, dans l'au-delà, le bon Dieu soit gentil avec vous.

Jeu, set et match.

*Cirer les pompes du bon Dieu !* Impossible de me sortir cette expression de la tête. Depuis mon attaque, j'avais souvent pensé à la mort. Il est difficile d'accepter qu'il s'agisse d'une fin absolue.

La conscience de ma vulnérabilité me mine chaque fois que je me rends à mon bureau. Bien que j'aie emporté chez moi quelques souvenirs de cinéma, c'est surtout là qu'ils sont entreposés : les murs sont couverts d'affiches ou de récompenses. *Seuls sont les indomptés* : Walter Matthau, jadis si plein de vie, mort. *Règlement de compte à OK Corral* : Burt Lancaster, mon vieux compère, mort. *Vingt Mille Lieues sous les mers* : James Mason, Paul Lucas, Peter Lorre, mort, mort, mort. *Les Ensorcelés* : Lana Turner, d'une beauté si exquise, morte. Son amie Ava Gardner, *Sept jours en mai*, morte. *Spartacus* : Laurence Olivier,

Charles Laughton, Stanley Kubrick... Assez ! Je ne veux plus les regarder ! Mais un jour, en quittant la pièce, je me surpris à poser les yeux sur un grand poster : moi contemplant mon cher Anthony Quinn. Dieu merci, ce joyeux drille était vivant ! J'avais encore à l'esprit le récit de ses noces avec sa deuxième femme, Iolanda, dont il avait déjà deux enfants. Le matin de la cérémonie, l'anneau de mariage s'était volatilisé. Tony avait désespérément cherché la bague sous le regard impassible de ses rejetons, qui restaient les bras croisés. Au comble de l'exaspération, il leur avait hurlé : « Bon sang, vous ne voulez donc pas que j'épouse votre mère ? »

Une semaine après mon accès de nostalgie devant l'affiche où nous figurions tous les deux, Tony s'est éteint.

Oh ! Comme il me manque ! J'ai gravé dans ma mémoire l'image puissante d'Anthony Quinn dansant le sirtaki dans *Zorba le Grec*.

Une semaine après le décès d'Anthony, Carol O'Connor succomba à une crise cardiaque. Un mois plus tôt, il avait fait mon éloge avant que je prenne la parole lors d'un gala de charité pour la recherche contre le cancer. J'avais beaucoup d'amitié pour lui : je lui avais confié son premier rôle sur grand écran, celui d'un chauffeur routier roulant à tombeau ouvert sur l'autoroute, dans

*Seuls sont les indomptés*. Juché sur mon fidèle destrier Whiskey, je tentais de traverser la voie. Son camion nous carambola tous les deux. Pauvre Archie Bunker, qui traqua sans relâche les trafiquants de drogue responsables du suicide de son fils !

Je me remettais à peine de la disparition de Carol que Jack Lemmon tirait sa révérence, suite à un cancer. Et moi qui prisais tant nos parties de poker hebdomadaires chez Barbara Sinatra. Fait étrange, son départ coïncidait presque un an jour pour jour avec celui de son meilleur ami, Walter Matthau.

C'est encore moi qui avais offert à Walter son premier emploi au cinéma, dans *La Rivière de nos amours* où il devait monter à cheval – ce qu'il abhorrait ! Nous nous sommes retrouvés par la suite sur le tournage de *Seuls sont les indomptés*. Un soir, après le travail, Walter et moi avions croisé un représentant en bijouterie pourvu d'un chariot bien garni.

– Rapportons une surprise à nos petites dames, suggéra Walter, très épris de son épouse.

J'acquiesçai et le commercial déploya ses pièces sur la table de ma loge. J'optai pour une paire de boucles d'oreilles bon marché et Walter pour une bague à cent dollars. Lorsque le vendeur se mit à emballer nos achats, Walter lui proposa :

– Et si on les jouait à pile ou face ?

Flambeur invétéré, Walter pariait sur n'importe quoi. Le représentant lui donna son accord et ils lancèrent une pièce en l'air. Walter gagna, mais il n'avait pas l'air réjoui.

– Allez, on rejoue ! dit-il.

Je n'en revenais pas. Beaucoup de joueurs caressent au fond d'eux-mêmes le désir inavoué de perdre.

Sa mort avait dû profondément affecter Jack Lemmon. Ces deux-là, si mal assortis qu'ils fussent, étaient inséparables. Un drôle de couple. Jack avait son bureau en face du mien. La vue de sa voiture dans le parking m'arrachait toujours un sourire. Certains hommes arborent un cœur tatoué sur le bras. Jack déclarait sa flamme via sa plaque minéralogique : JL ♥ FL. Il était amoureux fou de sa femme Felicia.

Mon fils Michael et son épouse Catherine m'accompagnèrent à ses obsèques, tenues dans le Westwood Village Memorial Park. Michael avait tourné avec lui *Le Syndrome chinois*.

Sur le chemin menant à la chapelle, nous avons traversé le cimetière ; ni stèles, ni pierres tombales, juste des plaques posées à même la pelouse. Il y a quelques années, Anne et moi y avons acheté une double concession. Une impression étrange m'envahit. Je me mis à bredouiller :

– Marilyn Monroe est enterrée ici. Ainsi que Walter Matthau. Et Jack Lemmon va les y rejoindre tout à l'heure. Dire qu'ils étaient tous les trois dans *Certains l'aiment chaud*.

Il y eut un silence gêné que nul ne rompit avant que nous n'entrions dans l'église. L'impression étrange ne me quittait pas. Même si j'avais souvent écrit sur la mort, je n'y croyais pas. Je gardai les yeux rivés sur le cercueil recouvert de centaines de roses rouges. C'est pourtant vrai. On meurt. Plus d'Archie Bunker, plus de Zorba, plus de *Drôle de couple*. Adieu, adieu, adieu.

Cette nuit-là, j'ai fait un rêve. Quelqu'un toisait une affiche de cinéma et s'écriait :

– Tiens, c'est Kirk Douglas. Il est mort.

Mais qu'y a-t-il après ? Non, pas l'usine de recyclage ! Vais-je revoir ma mère ? J'aimerais tant lui exprimer ma gratitude pour toutes les gentillesses dont je n'ai jamais songé à la remercier ! Je suis heureux qu'elle m'ait vu devenir une star après le *Champion*. Je lui avais rendu visite à Albany, dans l'État de New York. Je me rappelle fort bien la scène : quelques-uns de ses amis fraîchement immigrés agglutinés autour de la table, ma mère rayonnante et disant à la volée :

– Voici mon fils. La terre tremble quand on prononce son nom.

Décidément, les mères juives ont le sens de l'exagération, mais sa tirade ne m'avait pas déplu. La chance m'avait souri. J'étais né dans la misère. Ma mère ne savait ni lire ni écrire. Chez nous, il y avait une boîte en fer-blanc clouée au mur de la cuisine, dans laquelle nous mettions de temps à autre des sous. Nous vivions à proximité d'une voie ferrée et, quand un pauvre hère frappait à la porte, Ma lui donnait toujours quelques pièces. Nous n'avions pas grand-chose à manger, mais on m'a appris que ceux qui ont plus doivent aider ceux qui ont moins. Même un mendiant doit secourir un mendiant plus démuni que lui.

*Cirer les pompes du bon Dieu ?* Peut-être. Je m'étais certes replié sur moi-même pendant longtemps. Un ami m'avait dit autrefois sur le ton du reproche :

– Kirk, tu es comme un paquebot coupant les flots vers sa destination sans escale. Tes amis s'efforcent tant bien que mal de s'accrocher à la quille, jusqu'au moment où, quand vient la tempête, ils lâchent prise.

Rétrospectivement, j'ai du mal à comprendre comment j'ai pu me montrer aussi égoïste.

J'ai reçu un fax aujourd'hui qui m'a rappelé mes manquements :

*Cher Monsieur Douglas,*

*Dans les années quarante, mon père Paul Wilson et vous étiez amis. J'ai cru comprendre que vous aviez même vécu au sein de la famille Wilson à une époque où les emplois se faisaient rares. Mon père vient de mourir et, parmi ses papiers personnels, nous avons retrouvé de vieilles affiches et des coupures de presse vous concernant. Je serais heureuse de vous les faire parvenir si vous le désirez. Merci de me contacter.*

*Gale Patron*

La vérité m'apparaissait au grand jour : j'avais souvent négligé mes amis.

J'écrivis une réponse à la fille de Paul :

*Chère Madame Patron,*

*Votre fax m'a beaucoup peiné. J'avais énormément d'affection pour votre père. Quand je suis arrivé à New York pour suivre les cours d'une école d'art dramatique, son amitié m'a été précieuse. J'attendais qu'un emploi et un logement se libèrent à Greenwich Village, mais entre-temps, je n'avais rien. Paul m'a proposé d'habiter chez lui et j'y suis resté, si ma mémoire ne me fait pas défaut, environ deux semaines. Je suis sûr que sa mère pensait que j'allais m'inviter à sa table tous les soirs ! Nous nous sommes perdus de vue quand je suis parti pour Hollywood, mais j'en suis l'unique responsable. Je sais que Paul ne s'est pas manifesté par pure délicatesse. C'était à moi qu'il incombait de renouer avec lui. Je me suis souvent répété que je devais le retrouver. J'ai fini par apprendre qu'il s'était installé dans le New Jersey, mais j'étais trop égoïste pour remonter jusqu'à lui, obnubilé que j'étais par mon travail et ma petite famille. Votre fax m'a fait l'effet d'un coup de pied au derrière. Pour quelle raison avais-je été si égocentrique ? Comment avais-je pu oublier quelqu'un qui m'avait témoigné aide et amitié dans une période de vaches maigres ? Votre père était un homme d'exception, un gentleman. Nous avons pris du bon temps. Je vous prie de bien vouloir me pardonner mon égoïsme. Des souvenirs de lui me feraient le plus grand plaisir.*

*Bien cordialement,*
*Kirk Douglas*

J'avais honte. Était-il possible que soixante ans se fussent écoulés depuis lors ? Le temps file à la vitesse de l'éclair quand on ne pense qu'à soi. J'aurais vraiment tout donné pour revoir Paul et le remercier. À présent, il était trop tard. Je ferme les yeux et vois un bateau fendant les flots, les bernacles passant par-dessus bord.

Si j'ai tiré un enseignement de mon accident cérébral, c'est qu'il faut se montrer plus compatissant, entretenir ses liens avec ses proches, accorder plus de prix à l'amitié, avoir conscience du monde alentour, ralentir le rythme et insuffler une part de spirituel dans la vie.

Comme parler m'était pénible, je m'adonnais davantage à la lecture. Celle de scénarios m'accaparait moins, puisque je ne croulais plus sous les propositions, aussi pus-je m'intéresser à toute la littérature consacrée au judaïsme. Plus j'étudiais la Bible, plus le destin du peuple juif m'intriguait. Certes, les pérégrinations des Hébreux dans le désert n'avaient rien d'une partie de plaisir, mais décidément ils n'avaient que des récriminations à la bouche : « Nous aurions été mieux lotis si nous étions restés esclaves en Égypte. » Après les dix plaies et la traversée de la mer Rouge à sec, ils trouvaient encore matière à se plaindre ? Et quand Moïse les a brièvement abandonnés pour recevoir les Dix Commandements sur le mont Sinaï, les enfants d'Israël ne supportèrent pas l'attente : aussitôt privés de leur guide, ils confectionnèrent un Veau d'Or à partir de leurs bijoux. Mais comment se fait-il qu'ils n'usèrent pas la patience de Dieu ? Et moi, n'avais-je pas mis Sa clémence à rude épreuve ?

Puis arriva Yom Kippour, le jour du Grand Pardon, fête qui m'emplit de crainte. C'était mon premier Yom Kippour depuis mon attaque. Lorsque cette journée solennelle s'achève, l'Éternel referme et scelle le Livre de la vie, dans lequel est inscrit le sort de chacun pour l'année à venir. Vais-je vivre, vais-je mourir ?

La plus grande partie de l'office se déroule en hébreu, mais je peux en suivre la traduction dans mon livre de prières bilingue. Lorsque j'étais enfant, on ne priait qu'en hébreu à la synagogue, et même si je savais déchiffrer cette langue, je ne comprenais pas la signification des textes. Ceux que je découvris ce jour-là me stupéfièrent.

*Loué soit le Seigneur à qui toutes nos louanges sont dues. Béni soit le Seigneur notre Dieu. Qui est comme Toi, Ô Éternel ? Qui est comme Toi, Majestueux de sainteté ? Tu es le premier et le dernier. Que la Gloire de Dieu soit louée, que Son Saint Nom soit sanctifié. Loué soit le Seigneur, notre Dieu, le Dieu des générations. Tu es saint. Redoutable est Ton Nom. Tu es notre Maître et notre Aide, notre Sauveur et notre Protecteur.*

Et voilà que le malaise me regagna. Et si c'était ça, cirer les pompes du bon Dieu. ? Je ne crois pas que le Tout-Puissant ait besoin de tant d'éloges. Je crois qu'Il désire qu'on fasse quelque chose de bien de sa vie.

Il existe une expression propre à la tradition juive qui signifie « réparer le monde » : *tikkoun olam*. Cette notion est au cœur d'un courant mystique selon lequel, puisque le monde a été créé imparfait, il incombe à l'homme de le corriger. Dans le même temps, disent *Les Maximes des Pères*, « il ne nous revient pas de parachever ce travail mais nous ne sommes pas libres de nous désister ».

L'un des moyens propices à réparer le monde consiste à y insuffler de la beauté. Je m'y emploie tous les vendredis soir, en accueillant le Shabbat à la lumière des bougies que j'allume dans les chandeliers centenaires apportés par ma mère de Russie. Ce geste me rappelle mon enfance, me rapproche de Dieu, de ma famille et me permet de faire jaillir la Lumière, même pour un bref instant. Je prononce une prière au-dessus des flammes dansantes. Chacun peut s'adresser au Tout-Puissant comme il l'entend.

Un rabbin du Moyen Âge a expliqué la prière par le biais d'une merveilleuse parabole : lorsque nous prions, disait-il, nous croyons influer sur Dieu, Le transformer. Mais imaginons un homme dans une barque qui rame jusqu'à la terre ferme.

Un observateur ignorant tout de l'ordonnancement de l'univers croira que le rameur tire la berge jusqu'à lui. De même, lorsque nous prions, nous pensons tirer Dieu vers nous alors que c'est nous qui nous rapprochons de Lui.

Je n'ai donc qu'un conseil à donner : priez, quelle que soit l'entité supérieure en laquelle vous croyez. Priez, parce que cela vous aidera.

Quelques semaines après Yom Kippour, alors que je déjeunais au restaurant, je sentis une main se poser sur mon épaule. Une voix me murmura à l'oreille :

– J'ai décidé de cirer les pompes du bon Dieu.

Je me tournai : c'était mon ami Rick.

– Et pourquoi ça ? lui demandai-je.

– Disons que cela ne pourrait pas me faire de mal, répondit-il.

Il sourit et s'éloigna à grands pas.

17

# Voyage, voyage

La première année après mon accident cérébral, je me sentais telle une chenille, aux mouvements paresseux, recroquevillée dans son cocon. Une fois ce cap passé, j'avais assez appris pour me lancer dans le monde et commencer la rédaction de mon Manuel de survie. Mais quitter mon cocon m'était encore difficile, même si je savais qu'il me fallait le faire à tout prix. J'y passais le plus clair de mon temps parce que je m'y sentais en sécurité. Lorsque j'en sortais, ce n'était pas pour aller bien loin : je roulais jusqu'à mon bureau – dix minutes –, au cabinet de mon médecin – onze minutes –, ou au green de golf – vingt minutes. Deux ans après l'attaque, j'allais enfin tester mes ailes et, comme un papillon, prendre mon envol.

Ma femme est une joueuse de tennis chevronnée. L'époque du tournoi international de Wimbledon approchait. Nous y assistions tous les ans. Mais là, à cause de mes genoux décatis – hé oui, je me déglingue de partout ! –, je redoutais les gradins. Ce n'était pas le seul motif de mon anxiété. En réalité, j'avais peur d'effectuer un si long voyage jusqu'en Angleterre. Ne voulant pas lui gâcher son plaisir, je proposai à Anne de partir sans moi. Ce à quoi elle opposa un refus catégorique.

Je décidai de me montrer plus hardi :

– Anne, pourquoi n'irais-tu pas à Londres seule ? Je t'y rejoindrai la semaine suivante.

Elle m'adressa un regard surpris. Mais j'avais plus d'un tour dans mon sac :

– De là, on se rendrait en Israël pour inaugurer les terrains de jeux à Jérusalem, et puis on ferait un tour en Jordanie. Qu'en dis-tu ?

Anne était abasourdie, mais elle me prit au mot.

C'est avec beaucoup d'appréhension que j'envisageais ce périple. Mon épouse se trouvait déjà en Grande-Bretagne et ne pouvait constater mes préoccupations. Il est vrai qu'une attaque cérébrale annihile votre confiance en vous. Il ne se passe pas un jour sans que, à un moment donné, vous n'ayez peur de ne plus pouvoir parler. Le soir venu, en effet, vos propos sont beaucoup moins audibles – ce qui peut certes avoir un rapport avec l'ingestion de deux ou trois verres bien tassés. Dans ce cas, mes troubles du langage me dérangeraient moins.

Ma femme est mon meilleur gilet de sauvetage. Le réconfort que m'apporte sa présence est immense. Je me sens mieux rien qu'à l'idée qu'elle se trouve dans la pièce à côté.

Un jour, Anne a lu un article dans le *Los Angeles Times* traitant de l'état déplorable des terrains de jeux des écoles de la ville. Aussi mit-elle sur pied un programme de réhabilitation de ces zones négligées. Une fois les travaux achevés, j'escorte mon épouse à l'inauguration. Elle a ainsi rénové plus d'une centaine de terrains de jeux et elle projette d'en réaliser quatre cents. Je suis très fier de ce qu'elle a accompli. Voulant me rendre utile, je lui ai dit :

– Ton projet est magnifique, que puis-je faire pour t'aider ?

– Un film ! On a besoin de sous !

J'essayai tant bien que mal de camoufler mon angoisse entre Los Angeles et Londres – douze heures de vol ininterrompues, à quatre mille pieds d'altitude. Où était mon gilet de sauvetage ? Je m'efforçai de me détendre. Hélas, dans les airs, les souvenirs de ma mère ou de mon père ne me furent pas d'un grand secours. Je priai.

Je débarquai de l'avion avec la dégaine d'un général, suivant en cela le conseil de mon fils Joel : « Le chef ne doit sous aucun prétexte défaillir devant ses troupes. »

– Comment s'est passé le voyage ? me demanda Anne.

– Il s'est révélé très instructif, répondis-je.

– À quel titre ?

– Eh bien, j'ai appris qu'il fallait éviter de prendre en même temps un somnifère et un laxatif.

– Quoi ?

– Je plaisante. J'ai dormi jusqu'à l'atterrissage.

Elle rit, mais je sais que je n'ai pas fait illusion. Qu'importe : en la serrant dans mes bras, j'avais retrouvé mon gilet de sauvetage.

# 18

# Terrains de jeux en Israël

Lorsque j'interprète un dur à cuire au cinéma, je recherche toujours sa part de faiblesse. Réciproquement, quand j'incarne un personnage fragile, j'essaie d'en déceler la vigueur. À présent, j'estimais que j'avais usé toute ma force en gérant le contrecoup de mon attaque. Je pouvais me permettre d'être faible.

J'ai un aveu à faire : depuis ce jour terrible, je me perçois comme un petit garçon suspendu à la main de sa mère. Que dites-vous maintenant de Spartacus ?

Notre séjour à Londres s'écoula en un clin d'œil, et bien vite nous remontions à bord d'un avion privé en partance pour Tel-Aviv. Je m'étais affranchi de mes craintes. Je parvins même à lâcher la main d'Anne. Cinq heures plus tard, nous atterrissions en Israël.

Nous avons inauguré deux terrains de jeux dans la Vieille Ville de Jérusalem. Le premier était un grand parc sis sur un haut plateau surplombant la cité, destiné aux enfants arabes. Ne pouvant gravir les marches qui menaient à notre création, j'effectuai mon arrivée à bord d'une petite voiture électrique qui cahotait sur les pierres.

Je remarquai avec satisfaction qu'à l'entrée s'étalait, conformément à mes souhaits, l'inscription suivante : « À la mémoire des enfants de l'Oklahoma. » J'espérais ainsi rappeler aux promeneurs que, lorsque les bombes explosent, elles tuent des petits êtres innocents. J'allai jouer au football avec des enfants souriants, qui prirent soin de me passer la balle avec délicatesse. Je déteste qu'on souligne mon grand âge. Anne quant à elle faisait le tour du jardin en scooter. Quand un des bambins me dit : « Votre fille est très douée ! », je réprimai une furieuse envie de lui botter le train !

Il y a pénurie de sols, dans la Vieille Ville. Les maisons de pierre sont perchées les unes sur les autres, les rues pavées ne sont guère plus que des venelles, les enfants ont peu d'espace pour tromper leur ennui. Parfois ils courent sur les toits en rêvant à des grands espaces verts. Nous nous sommes rendus dans le quartier juif, non loin du parc. Les enfants arboraient leurs uniformes d'écolier pour fêter l'inauguration d'un nouveau terrain de football. Un garçonnet, trop petit pour atteindre le micro, récita un long poème de sa composition qui se concluait ainsi : « Nos remerciements à Kirk qui nous a offert ce terrain de foot. » J'étais heureux.

# 19

# En Jordanie

La nouvelle de la disparition du roi Hussein m'avait foudroyé. La lettre qu'il m'avait envoyée après ma performance aux Oscar m'avait redonné espoir. Et j'étais d'autant plus triste que je pensais ne jamais pouvoir répondre à son invitation. J'avais tort. Son fils la reprit à son compte.

Le lendemain de ce mémorable passage dans la Vieille Ville, notre guide Ronin nous emmena jusqu'au pont Allenby, l'un des points de passage entre Israël et le royaume hachémite. Je trépignais d'impatience : pour la première fois, j'allais voir la Jordanie et son roi.

Nous nous rendîmes d'abord à Djerach, pour admirer les plus belles ruines romaines du monde. Je pus ainsi apprécier le fruit d'efforts créatifs vieux de deux mille ans. Je me tins au milieu de l'amphithéâtre, devant des tribunes en demi-cercle. Je parlai et ma voix porta vers les derniers gradins. Mais je doute que d'éventuels spectateurs eussent pu comprendre ce que je disais.

Ce soir-là, nous avons dîné à Amman, dans un restaurant creusé dans les pierres d'une ancienne étable. L'établissement était un tourbillon de couleurs, de vitalité, de joie. À ma grande stupéfaction, Anne se mêla à la foule des danseurs. Nous nous sommes gavés de mets jordaniens avant d'aller nous coucher : au matin, nous avions une audience avec le roi et la reine.

La longue route menant à la résidence des souverains était jalonnée de soldats au garde-à-vous. Le roi Abdallah, en tenue décontractée, vint à notre rencontre, et la reine Rania nous rejoignit peu après. Cette ravissante jeune femme, une Palestinienne originaire du Koweït, parle couramment l'anglais, ayant fait ses études à l'université de Los Angeles. Son époux pour sa part, ancien élève d'Eaglebrook comme mon fils Michael, maîtrise notre langue à la perfection.

Moi, j'étais le seul à devoir batailler avec la prononciation !

Le roi mit à notre disposition son hélicoptère personnel pour nous conduire à Pétra. Ma gorge se serra. Comment lui dire que, depuis mon accident, ces engins m'inspiraient une sainte terreur ? La mort des deux jeunes aviateurs me hantait encore. Je peux croire en mes talents d'acteur, parce que je réussis à lui dissimuler mon effarement.

Le trajet en vol ne prit que quarante minutes. Le vacarme à bord de l'appareil rendait toute conversation difficile, aussi étais-je heureux de me gorger les yeux du spectacle qui s'offrait à moi.

Des airs j'aperçus d'arides montagnes de grès et des gorges sinueuses bordées de falaises imposantes. Nous atterrîmes non loin d'une crevasse étroite où les falaises se rencontraient presque ; à travers cette faille, j'entrevis la cité magique. Pétra, l'une des villes les plus fascinantes du monde, prodige architectural égaré sous les sables du désert depuis des siècles.

Un an auparavant, quand le roi Hussein avait lancé son invitation, je n'envisageais même pas d'entreprendre un si long voyage. À présent j'y étais – j'avais saisi ma chance par accident.

À mesure qu'on l'observe, le site vous apparaît dans toute sa splendeur. Le premier édifice qui accroche le regard est le monastère, sculpté à même la montagne et surplombé de colonnes corinthiennes. Lorsqu'elles baignent dans les rayons du soleil, les pierres s'empourprent. Un ouvrage deux fois millénaire !

Naguère, quand les liens entre Israël et la Jordanie étaient moins cordiaux, les jeunes soldats israéliens se faufilaient jusqu'à la frontière pour découvrir ce lieu enchanteur. L'aventure figurait un rite initiatique, et, malgré les balles des snipers jordaniens, ils bravaient le danger. Risquer sa vie pour contempler une œuvre de beauté... Un compositeur israélien consacra même une ballade à Pétra et s'attira les foudres de la censure parce qu'elle incitait des adolescents à poursuivre ces entreprises hardies.

La marche m'étant pénible, je parcourus Pétra à dos de chameau. Avez-vous déjà chevauché pareille monture ? Si vous ne l'avez déjà fait, l'expérience ne vaut pas le détour ! Je m'extasiai devant le génie de ce peuple de Bédouins. Beaucoup vivent encore à flanc de montagne, dans des cavernes qui leur apportent fraîcheur en été et chaleur l'hiver venu.

Il était temps de dire adieu à Pétra. À bord de l'hélicoptère royal, nous avons longé la rive jordanienne de la mer Morte, le point le plus bas du globe. La voix du pilote nous parvint dans nos écouteurs :

– Nous volons à présent au-dessous du niveau de la mer.

J'étais tout juste en train d'absorber cette donnée quand ma rêverie fut interrompue :

– Voici le mont Nébo, d'où Moïse contempla la Terre Promise qu'il ne connaîtrait jamais.

Je retins mon souffle. Avec une crainte mêlée d'admiration, je regardai le mont Nébo. Moïse aussi souffrait de troubles de l'élocution. La Bible dit de lui qu'il avait la langue embarrassée. De tous les héros des Écritures, il est celui que je préfère. Quel extraordinaire destin ! Bébé abandonné sur les eaux du Nil, sauvé par une princesse égyptienne, élevé comme un prince au palais de Pharaon, fugitif après avoir assassiné un Égyptien qui battait un Hébreu, marié à Séphorah, une femme issue d'un autre peuple... et, à l'âge de quatre-vingts ans, Moïse a entendu la voix de Dieu lui ordonner de libérer les enfants d'Israël de leur esclavage et de les conduire hors d'Égypte. C'est là que tout a commencé...

La voix de notre guide résonne encore à nos oreilles :

– Moïse s'est éteint ici, et nul ne sait où ses restes reposent.

Je baisse les yeux vers ce panorama de désert et de rocailles en songeant à ce Dieu qui, en un baiser, reprit son âme à Moïse. Je me sens un peu coupable à l'idée de m'envoler aussi vite pour Israël, pays dont le prophète n'a eu qu'un bref aperçu après quarante ans d'errance.

# 20

## À vos mouchoirs

À Tel-Aviv, Anne et moi avons inauguré un terrain de jeux à la mémoire de Yitzhak Rabin, le Premier ministre israélien assassiné qui s'était rendu à Oslo dans l'espoir de signer la paix avec Arafat et les Palestiniens.

Ce soir-là, nous avons assisté à un concert dirigé par notre ami Zubin Mehta. Nous sommes allés le voir dans sa loge avant le début du concert et il me pria instamment de dire quelques mots au public. Mes protestations n'y firent rien : il était intraitable.

– Zubin, que puis-je dire ?

Il fut prompt à répondre :

– Tu peux annoncer que notre violoniste

soliste ne jouera pas ce soir parce qu'il a la varicelle.

Je consentis et, avant de monter sur scène, je demandais au régisseur israélien comment on disait varicelle en hébreu.

– *Avababout* ! me répondit-il.

– Comment ? fis-je, et il répéta.

Je fis mon entrée sous un tonnerre d'applaudissements et déclarai :

– Je suis désolé, mais notre violoniste soliste ne pourra jouer ce soir parce qu'il a *avababout*.

Puis je regardai l'assistance et j'ajoutai, avec ma diction défectueuse :

– Si vous vous demandez pourquoi on m'a demandé de faire cette annonce, c'est parce que j'arrive à prononcer *a-va-ba-bout*.

Je quittai la scène après avoir déclenché une tempête d'éclats de rire.

Nous sommes ensuite allés dîner avec Zubin chez un ami. Shimon Pérès trônait à un bout de la table et Ariel Sharon à l'autre. Leurs échanges étaient fascinants. Mais ce repas se tenait avant que les passions se déchaînent en Israël.

Au fond de mon lit, je revécus en esprit cette palpitante soirée. J'entendais encore les rires, les acclamations et les conversations. J'avais effacé de ma mémoire le souvenir de mon attaque. Mais au milieu de la nuit, je me réveillai en sursaut. L'oreiller était inondé de sang, qui me coulait du nez. Les comprimés de Coumadine que je prenais servaient d'anticoagulant : à la moindre coupure, le sang ruisselle.

Alors, ça y est ? me dis-je. C'est fini ? Quel drôle de manière de tirer sa révérence – un nez en sang !

Je m'imaginais déjà les gros titres : KIRK DOUGLAS SUCCOMBE À UN SAIGNEMENT DE NEZ. Je tourne souvent la mort en dérision, mais j'y pense beaucoup, et sur un mode sérieux. Je consulte la rubrique nécrologique tous les matins. Hier était un jour à marquer d'une pierre noire. Je n'y avais retrouvé que des gens de mon âge – ou plus jeunes. Je préfère lire les avis de décès de nonagénaires ou de centenaires !

Anne appela aussitôt mon médecin à Los Angeles. Huit mille kilomètres pour parler d'un saignement de nez. Le remède préconisé ? Des glaçons et une compression des narines. L'écoulement finit par cesser. Les serviettes, les oreillers et les draps étaient maculés. Saignant souvenir de mon accident vasculaire.

# 21

# Berlin

À l'aéroport Ben Gourion où nous devions prendre notre avion de retour, au lieu d'une voiture électrique, c'est une chaise roulante qui m'attendait. J'étais gêné, mais j'y pris place et je gardai la tête baissée tandis qu'Anne me poussait comme un invalide jusqu'à l'appareil.

Nous allions enfin rentrer chez nous, mais d'abord, nous fîmes halte à Berlin pour recevoir un prix couronnant l'ensemble de mon œuvre au festival du film de la ville. Je crois que je possède déjà une quinzaine de récompenses analogues. D'ailleurs, le jour où Michael s'est vu décerner la sienne, je me suis senti prêt à accepter un prix couronnant l'ensemble de mon œuvre posthume.

En guise de comité d'accueil, une cohorte de photographes et de journalistes m'assaillit de questions à la descente de l'avion. L'un des reporters me lança d'une voix plus forte que les autres :

– En tant que juif, quelle impression cela vous fait-il de venir à Berlin ?

S'ensuivit un instant de silence, pendant lequel des images de guerre virevoltèrent dans mon esprit. *Du verre brisé, Heil Hitler, des juifs entassés dans des wagons à bestiaux, des amas d'hommes et de femmes émaciés, des fours, de la fumée sombre sortant des cheminées.*

Ils attendaient ma réponse.

– Le millénaire passé a été un désastre, dis-je. La génération à laquelle j'appartiens a manqué à tous ses devoirs. Tellement de guerres, de tueries, et bien sûr, l'Holocauste, sans doute le pire crime d'entre tous, cette prétendue solution finale, visant à effacer un peuple de la surface de la terre.

Ils m'écoutaient religieusement.

– Mais je ne crois pas que les enfants doivent payer pour les péchés de leurs pères. Il faut espérer que ce nouveau millénaire verra naître des hommes meilleurs et faire tout notre possible pour donner cette chance à nos enfants.

– Alors, pourquoi êtes-vous venu à Berlin ?

Je feignis de n'avoir pas entendu la question, mais elle me taraudait : il n'existait pas à mes yeux de raison valable pour un juif de séjourner à Berlin.

Ce soir-là, on m'attribua un Ours d'or, accompagné d'une allocution en anglais. Mes remerciements en allemand furent fort appréciés : à mon avis la langue allemande a plus de charme dans la bouche d'un rescapé d'une attaque cérébrale.

Nous avons ensuite fait un sort à un copieux Wiener Schnitzel avec des amis. L'une des convives, une femme juive habitant Berlin depuis la fin de la guerre, respirait le bonheur et la joie de vivre. Mais lorsque j'appris que la plupart des membres de sa famille avaient été décimés dans les camps de concentration, je lui demandai de but en blanc :

– Pourquoi êtes-vous restée ici ?

Elle me répondit sans se départir de son sourire :

– Je le devais à mes « petits héros ».

Devant ma mine perplexe, elle se rapprocha de moi et me dit :

– Quand la Gestapo est venue les arrêter, mes parents m'ont envoyée dans un hôtel, dans l'espoir que j'aie la vie sauve. La propriétaire de l'établissement fut la première de ces êtres d'exception. Elle me garda auprès d'elle pendant quelques nuits. Puis, j'ai rencontré un deuxième petit héros, ou, devrais-je dire, une héroïne. Il s'agissait de notre ancienne femme de ménage. Elle m'a aussi cachée un certain temps, malgré le danger. Ensuite, j'ai trouvé refuge dans un cloître, et les religieuses prirent soin de moi alors que j'étais malade. Elles ne m'ont jamais inquiétée. Après quoi, j'ai dû m'enfuir à nouveau, et j'ai croisé la route d'un policier adversaire des nazis. Tout au long de la guerre, j'ai ainsi eu la chance de trouver des petits héros secourables, jusqu'à l'arrivée des Russes.

– Mais pourquoi restez-vous en Allemagne ? insistai-je.

Elle lâcha un soupir :

– J'y ai beaucoup réfléchi et je crois que je le dois à ces personnes-là. Elles étaient la preuve que l'Allemagne n'était pas peuplée uniquement de gens cruels.

Le récit d'Inge m'impressionna tant que, dès mon retour aux États-Unis, je rédigeai une tribune libre pour le *New York Times*. J'avais enfin saisi pourquoi elle n'avait pas quitté Berlin. Nous recherchons toujours des héros propres à nous édifier ou à nous indiquer la voie à suivre. Nous avons des dirigeants aux pieds d'argile, prompts à nous décevoir ou à nous abandonner. Nous devons chercher les petits héros de ce monde – et tâcher d'en être un soi-même.

La chose n'est pas bien difficile. Il ne s'agit pas de sauver une vie, mais au moins d'aider autrui. Inspirez-vous de mon « Manuel de survie » et peut-être, deviendrez-vous un héros à votre tour. Suite à mon article, j'ai reçu un courrier du maire de Berlin, Eberhard Diepgen, me demandant l'autorisation de reproduire une traduction de mon texte en Allemagne. Je la lui accordai de bon cœur.

# 22

## Rentrer chez soi

De retour de voyage, j'entrai dans ma chambre et m'étirai sur le lit. C'est ici que mon accident cérébral s'était produit. Voici la chaise dans laquelle j'étais assis lorsque j'avais senti cette ligne invisible me parcourir la joue. Voici la pièce où j'effectuais mes exercices d'aérobic facial. Voici l'endroit où j'avais conçu mon Manuel de survie, qui m'a permis de sortir voir le monde.

Danny et Foxy bondirent et m'administrèrent de grands coups de langue. Ils étaient heureux de me revoir. J'étais heureux. Mon attaque cérébrale m'avait entraîné dans une formidable aventure et avait fait de moi un autre homme, un homme digne de l'estime de ses semblables.

Lou Austin écrivait : « Il y a une raison à votre présence ici-bas. Il n'y a pas de réplique de vous-même dans le monde entier ; il n'y en a jamais eu et il n'y en aura jamais. Vous êtes ici pour remplir un certain besoin. »

Le bonheur est un état éphémère. Les vagues de dépression vous submergent puis disparaissent, telle une incessante marée, et tous mes efforts pour les endiguer sont vains. Je m'accommode de l'incertitude, j'accepte que l'existence soit dépourvue de garanties. J'ai appris que, même si vous tenez votre maison pour un havre, une forteresse contre tous les aléas, la main du destin peut vous atteindre, fût-ce pour vous tapoter légèrement l'épaule, frapper vos proches ou vous-même, ou pour tracer, dans la chair de votre joue, une ligne pointue allant de votre tempe à votre menton.

Lorsque les forces vous manquent pour supporter votre fardeau, puisez de l'énergie dans les actions de vos semblables. J'ai imprimé dans mon esprit les jeux Paralympiques de Seattle. Neuf concurrents, tous handicapés physiques ou mentaux, s'étaient réunis sur la ligne de départ pour le cent mètres. Au coup de feu, ils se sont mis à courir, peut-être pas à toutes jambes, mais en savourant l'idée de participer à la compétition, d'atteindre le finish et de gagner. Ils se sont donc tous élancés, mis à part un jeune garçon qui trébucha sur l'asphalte, tomba, et fondit en larmes. L'ayant entendu pleurer, les huit athlètes ralentirent l'allure et tournèrent la tête. Puis, de concert, ils rebroussèrent chemin jusqu'à lui.

Une jeune fille atteinte de trisomie 21 se pencha pour l'embrasser et lui dit :

– Comme ça, tu n'auras plus mal.

Les neuf sportifs marchèrent bras dessus, bras dessous jusqu'à la ligne d'arrivée. Tous les spectateurs se levèrent et acclamèrent longuement ces champions. Les personnes présentes en parlent encore aujourd'hui.

Pourquoi ? Eh bien, parce que nous savons au plus profond de nous-mêmes que la victoire n'est pas l'essentiel ici-bas. Ce qui importe, c'est d'aider son prochain, même si cela nous oblige à ralentir, à changer de direction ou à faire machine arrière. Nous aspirons tous au bonheur. La vie nous enseigne que nous y accédons si nous nous préoccupons du bien-être du voisin.

J'ai commencé à écrire ce livre afin d'aider les gens à comprendre les implications d'une attaque cérébrale, de leur permettre de venir à bout d'une telle épreuve et de reprendre une vie normale. Je voulais également rédiger un « Manuel de survie », sorte de guide pour se remettre d'un accident cérébral. Du mien, j'ai tiré bien des leçons et je puis dire que, au regard de tout ce dont il m'a privé, il m'a donné bien davantage. Dans le processus de guérison, ma vie a pris un tour meilleur. Je souhaite partager avec vous ces enseignements.

Sachez que l'état d'esprit recommandé pour vaincre ou surmonter une attaque, une maladie ou une épreuve est celui qu'il convient d'entretenir toute notre existence durant.

## Mon manuel de survie

1. Quand les choses vont mal, rappelez-vous qu'elles pourraient être pires.

2. N'abandonnez jamais. Efforcez-vous d'améliorer votre élocution et votre existence.

3. Ne perdez pas le sens de l'humour. Riez de vous-même, riez avec les autres.

4. Enrayez la dépression en pensant aux autres, en leur témoignant votre soutien, en les aidant. Efforcez-vous de devenir un Petit Héros.

5. Traitez autrui comme vous désireriez qu'il vous traite.

6. Priez. Non pour que Dieu vous apporte la guérison, mais pour vous donner la force de vous aider vous-même.

Helen Keller, sourde-muette et aveugle, disait : « Lorsqu'on fait du mieux qu'on peut, on ne sait jamais quel miracle est à l'œuvre dans notre existence ou dans celle de notre entourage. »

Nous avons tous un handicap – grand ou petit. Mais nous devons le vaincre pour devenir meilleurs. Nous devons essayer, coûte que coûte.

# Remerciements

L'ordinateur est un précieux outil pour tout auteur putatif, mais je ne sais pas m'en servir. Par bonheur, l'informatique n'a pas de secret pour mon assistante Lisa Lynn. Elle a pris des notes sous ma dictée et saisi tout le livre sur traitement de texte. Merci, Lisa, pour votre aide inestimable.

Très souvent, j'ai besoin d'un auditoire pour tester mes idées, me rassurer ou me contredire. Elli Wolpe a tenu ce rôle à la perfection. Ses remarques intelligentes se révélèrent très pertinentes. Merci, Elli.

Bien sûr, mon éditrice, Claire Wachtel, m'a grandement aidé. Son équipe a achevé de me convaincre que je n'étais pas grammairien – et je l'en remercie.

S'il faut un village entier pour élever un enfant, alors il faut beaucoup plus d'une personne pour écrire un livre.

Merci à tous ceux qui ont contribué à donner naissance à celui-ci.

# Table des matières

*Composé par P.C.A.*
*44400 – Rezé*

*Impression réalisée sur CAMERON par*

BRODARD & TAUPIN

GROUPE CPI

*La Flèche*

*pour le compte des Éditions Michel Lafon*
*en février 2002*

*Imprimé en France*
Dépôt légal : mars 2002
N° d'impression : 11671
ISBN : 2-84098-784-8
LAF 310